ANTON KREUZER: NORICUM · KARANTANIEN · KÄRNTEN

ANTON KREUZER

# Noricum Karantanien Kärnten

Große Geschichte eines kleinen Landes

CARINTHIA

Schutzumschlag von Ingeborg Zengerer
Bildnachweis: H. G. Trenkwalder, Seiten 16, 17, 20, 21, 24, 25, 33, 37, 46, 49, 56, 57, 60, 66 und Schutzumschlag
Luftaufnahmen freigegeben (BMfLV, Zl. 13.080/297-1.6./77,
13.080/377-1.6./77, 13.080/686-1.6./78 und 13.080/983-1.6./78)
Hans Samitz, Seiten 42, 43
Die übrigen neun Aufnahmen vom Verfasser

5., neu bearbeitete Auflage
© 1981 Carinthia Verlag Klagenfurt
Alle Rechte vorbehalten
Gesamtherstellung: Graphischer Betrieb Carinthia, Klagenfurt
Printed in Austria
ISBN 3-85378-181-0

# GEHEIMNISVOLLE VORZEIT

Wer die wahrlich reiche Geschichte der abgeschlossenen kleinen Welt zwischen den Gebirgszügen der Hohen Tauern und der Karawanken schildern möchte, der muß weit zurückgreifen, denn die ältesten auf uns gekommenen Spuren menschlicher Anwesenheit in diesem Gebiet stammen aus der Altsteinzeit. Geräte, die in der Tropfsteinhöhle des Marktes Griffen entdeckt wurden, stellen unter Beweis, daß der Mensch hier schon vor 100.000 Jahren seiner Beschäftigung nachgegangen ist. Bestritt die Bevölkerung den Lebensunterhalt zunächst von dem, was die Jagd abwarf, begann sie sich im 3. Jahrtausend vor Christus auch mit Ackerbau und Viehzucht zu befassen.

Daß der Lebensstandard stieg, läßt sich besonders schön an den archäologischen Funden des Lavanttaler Raumes verfolgen. Der Jäger und Sammler verließ die Felshöhlen und baute sich Wohnstätten aus Holz; bisweilen entstanden sogar kleine Siedlungen, wie etwa die auf dem Strappelkogel am Forst unweit von St. Margarethen bei Wolfsberg. Mit Quarzsand poliertes Steinwerkzeug, Schmuck aus Steinperlen, zahllose Scherben von Tongefäßen und aus Ton geformte Ampeln sind reizvolle Hinweise auf den Fortschritt. Die späteren Generationen entwickelten das von den Vorfahren Übernommene weiter, eigene Erfahrungen und Ideen auswertend. Kultursplitter aus der Zeit des Übergangs von der Steinzeit zur Bronzezeit, die im 2. Jahrtausend vor Christus eine neue Epoche einleitete, konnten unter anderem auf dem Kulm bei Ettendorf, einem nahe der Lavant gelegenen steilen Hügel, gefunden werden. Manche der urgeschichtlichen Siedlungen bestanden offenbar ohne nennenswerte Unterbrechung fort. Vom Strappelkogel weiß die Wissenschaft, daß dort auch zur Bronzezeit rege Betriebsamkeit herrschte. Das Leben im letzten Jahrtausend vor der großen Zeitenwende ist gleichfalls durch verschiedene Funde markiert. Der Reisberg – schon während der Jungsteinzeit besiedelt – gab beispielsweise eine dreischneidige eiserne Pfeilspitze mit Widerhaken und eine reich profilierte Fibel frei.

Es versteht sich, daß auch aus dem übrigen Kärnten zahlreiches Fundmaterial zusammengetragen werden konnte, das Einblick gewährt in die Kulturanfänge dieses Alpenlandes. Meist war es der Zufall, der der Spatenforschung zu Hilfe kam. Bei Hochosterwitz fanden 80 kleine Bronzebeile wieder ans Licht, aus dem Moor am Ostufer des Wörther Sees wurden zwei aus der Bronzezeit stammende Einbäume geborgen, am Keutschacher See konnten Pfahlbauten nachgewiesen werden; Augsdorf ist der Fundort einer großen Anzahl von Sicheln aus der älteren Eisenzeit, und Brandgräber (rund 300) eines um 750 vor Christus in Frög bei Rosegg angelegten Bestattungsplatzes enthielten einen besonders kostbaren Schatz – herrliche Bleifiguren. Unter ihnen befand sich ein vierrädriger Plattenwagen, vor den zwölf Tiere gespannt sind.

Die venetische Felsinschrift von Würmlach und andere Schriftfunde aus dieser Gegend, die aus dem 3. oder dem 2. Jahrhundert vor Christus stammen und die ältesten schriftlichen Überlieferungen darstellen, die bisher auf österreichischem Boden entdeckt wurden, leiten über in die Zeit der geschriebenen Quellen.

## HERZ DES NORISCHEN KÖNIGREICHES

Vor nunmehr 2000 Jahren trat das Gebiet von Kärnten in das Blickfeld der Geschichte. Das Land verließ das Dunkel, trat aus der Anonymität und ging einer glorreichen Zukunft entgegen. Um 200 vor Christus gab es in den Ostalpenländern bereits ein Königreich, dessen politischer und wirtschaftlicher Mittelpunkt offensichtlich der Raum Kärnten war. Die Bewohner dieses Landstriches wurden damals vorwiegend von den Kelten gestellt. In Mittel- und Unterkärnten lebten die Noriker, nach denen sich das Staatsgebilde Noricum nannte. Die Kelten waren ein gescheites und tüchtiges Volk. Es schritt an den Ausbau der Handelswege nach dem Süden und gründete die ersten Stadtwesen. Der Nordhang der Gracarca, der sich zum Ufer des Klopeiner Sees erstreckt, wurde zu horizontalen Wohnterrassen umgestaltet; auf dem Magdalensberg, am Rand des zwischen den heutigen Städten Klagenfurt und St. Veit an der Glan gelegenen Zollfeldes, entstand in 1000 m Seehöhe ein blühendes Gemeinwesen, und in St. Peter in Holz kam es ebenfalls zur Anlage einer Siedlung. Die Oberschicht war des Schreibens kundig und benützte ein nordetruskisches Alphabet.

## SAGENHAFT REICHE BODENSCHÄTZE

Die Römer sprachen allgemein nur vom Tauriskerland, wenn sie Kärnten meinten. Die mediterrane Welt hatte von diesem Bergland, dessen unermeßliche Bodenschätze schon früh die Kaufleute auf den Plan riefen, teils recht genaue, teils recht sagenhafte Vorstellungen. Um 150 vor Christus verbreitete sich im Römischen Kaiserreich die Kunde, man brauche dort lediglich die Humusdecke abzuheben und stoße schon auf meterdicke Adern von Schwemmgold. Viele Römer faßten verständlicherweise den Entschluß, sich an Ort und Stelle ein Bild von den sich bietenden Möglichkeiten zu verschaffen und machten sich auf den Weg nach Norden. Freuten sich die Kelten anfänglich über den Zulauf und die blendenden Geschäfte, setzten sie die Römer später wieder vor die Tür, da der Preis für das begehrte

Edelmetall rasch und zudem erschreckend tief fiel. Wenn auch der schrankenlosen Ausbeutung ein Riegel vorgeschoben war, abschütteln ließen sich die Römer nicht mehr. Um 120 vor Christus schloß die Weltmacht Rom mit dem norischen König ein Bündnis, das gegenseitige Waffenhilfe vorsah und auf wirtschaftlichem Gebiet weitreichende Vereinbarungen enthielt. So wurde den Handelspartnern etwa zugestanden, jenseits der Staatsgrenzen Niederlassungen zu errichten. Für die Abwicklung von Ausfuhr und Einfuhr bildeten sich in der Folge zwei zentrale Handelsplätze heraus: der des Südens war die Hafenstadt Aquileia, der des Nordens die Stadt auf dem Magdalensberg, deren Name uns allerdings noch immer nicht bekannt ist. Hier entwickelte sich am Südhang des Berges eine römische Kaufmannskolonie, von der Baureste freigelegt werden konnten. Sie verkörpern die Überreste der ältesten bekannten Römerbauten im Ostalpenraum. Neben der Ausfuhr von Rohstoffen wie Holz als Baumaterial, Harz als Brennstoff für Leuchten, Blei, Silber und Gold kam auch dem Handel mit Fertigwaren, vor allem Erzeugnissen aus hervorragendem heimischen Stahl, große Bedeutung zu. Interessant ist in diesem Zusammenhang, daß auf dem Magdalensberg Zahlungsmittel in Umlauf waren, die sich durch typische Prägungsmerkmale auszeichneten. Die seit 1948 laufenden wissenschaftlichen Ausgrabungen haben viele Münzen zutage gefördert.

## VERLUST DER UNABHÄNGIGKEIT

Die regen Wirtschaftsbeziehungen beschleunigten den Untergang des norischen Königreiches, der anscheinend gar nicht als nationales Unglück empfunden wurde, denn als sich die Römer um 15 vor Christus zu den Herren Noricums machten und das Land besetzten, leisteten die Kelten vermutlich keinen Widerstand. Das mehr oder minder freiwillige Überlassen der Macht liegt sicher in der Tatsache begründet, daß sich die Bevölkerung an die Leute aus dem Süden gewöhnt hatte, diese nicht als Fremde empfand und durch die politische Entwicklung an den Grenzen der Fortbestand des Keltenreiches ohnedies ernstlich in Frage gestellt war. Von den Anrainerstaaten hatte kein einziger sich der Römer zu erwehren vermocht. Das Gebiet des heutigen Tirol und jenes von Südbayern waren ebenso unter römische Herrschaft geraten wie die westlichen Landstriche von Ungarn. Mithin war das Keltenreich, das bis an die Donau reichte, von Rom umklammert. Durch den politischen Wechsel wurde das unabhängige Noricum zu einem durch die Römer kontrollierten Land. Diese hatten jedoch Fingerspitzengefühl genug, sich nicht als die neuen Machthaber aufzuspielen. Sie blieben Partner. Mit der völligen Eingliederung Noricums in das Römische Reich ließen sie sich Zeit. Erst 45 nach Christus wurde das Gebiet des ehemaligen Keltenreiches zu einer römischen Provinz erklärt. Verwaltungsmittelpunkt blieb zunächst die Stadt auf dem Magdalensberg.

Später gründeten die Römer im Zollfeld die Stadt Virunum. Die Hauptstraße des neuen Gemeinwesens war 14,5 m breit und beidseits mit Gehwegen versehen. Am Rande des 5000 m² großen Marktplatzes erhob sich auf einer Terrasse ein prächtiger Säulentempel. Sehen lassen konnte sich auch der vornehme Bäderbezirk. Eine eigene Wasserleitung versorgte Virunum mit Trinkwasser, die Abwässer nahm eine gut ausgebaute Kanalisation auf. Für die körperliche Ertüchtigung der Jugend gab es ein Haus des Sports, und vom Geistesleben zeugte ein Sprechtheater mit 2000 Sitzplätzen. Die zivile und militärische Leitung der Provinz lag zwar in den Händen des Statthalters, auch die Provinzialkasse befand sich grundsätzlich in den Händen eines Landesfremden, aber ansonsten verwalteten die Einheimischen ihr Land selbst. Ein hundertköpfiger Rat nahm Einfluß auf die Regierungsgeschäfte. Die Bestellung der Mitglieder erfolgte auf Lebenszeit. Jedes Jahr wählten sie aus ihrer Mitte zwei Bürgermeister, welche die niedere Gerichtsbarkeit ausübten, zwei Ädilen, die für die Sicherheit, das Bauwesen und die Wirtschaft zuständig waren, sowie einen Quästor, der die Stadtkasse verwaltete.

Obwohl nun die Römer die Landesherren waren, und ihre Herrschaft mehrere Jahrhunderte dauerte, kam es lediglich zu einer geringen Unterwanderung der keltischen Bevölkerung. Rom legte keinen Wert auf eine rasche Umformung der Bewohner, daher erfaßte die Romanisierung nur langsam die Alpenländer. Die Kelten trugen weiterhin ihre Tracht; die römische bürgerte sich erst nach und nach ein, vornehmlich bei den Männern, die durch den Wehrdienst mit dem Süden stärker in Berührung kamen. Der Wehrdienst war außerdem mit dem Erwerb der Bürgerrechte verbunden, was beispielsweise zur Latinisierung der Namen führte.

Kärnten waren ruhige Jahrhunderte beschert. Der dauerhafte Frieden förderte die Wirtschaft, und die urbane Kultur konnte sich ungestört entfalten. Die Heerstraßen gehörten dem Handel.

## DIE CHRISTIANISIERUNG

Das religiöse Leben war viele Generationen hindurch von Toleranz gekennzeichnet. Die römische Staatsreligion duldete die lokalen Gottheiten, wenn sie auch bestrebt war, den Menschen umzuziehen. Landauf und landab bestanden die keltischen Kultstätten weiter. Die Fundamente zweier Heiligtümer konnten beispielsweise in Baldersdorf freigelegt werden. Es handelt sich bei ihnen um Viereckstempel, deren Cella aus einem turmartigen Bau bestand, um den ein auf Säulen ruhendes Vordach führte. Die Baldersdorfer Tempel wichen insofern von der sonst üblichen Norm ab, als der gedeckte Umgang nur an drei Seiten des Heiligtums feststellbar ist. Doch nicht nur im Tal wurden den Göttern Häuser errichtet, sondern auch auf den Bergen. Solche Kultstätten gab es auf dem Hemmaberg im Jauntal, auf dem Magdalensberg, auf dem Ulrichsberg und auf dem Danielsberg. Manche dieser Tempel hielten sich bis ins 4. und 5. Jahrhundert.

Mit den „heidnischen" Göttern, keltischen wie römischen, räumte dann das sich ausbreitende Christentum gründlich auf. Die Tempel wurden niedergebrannt und an deren Stelle Kirchen erbaut, wobei sich die Größe des neuen Kultbaues nach der Bedeutung des zerstörten Heiligtums richtete. Die Maße der frühchristlichen Kirche auf dem Ulrichsberg, die etwa 27 m lang und 16 m breit war, belegen dies sehr anschaulich.

Es ist erstaunlich, wie schnell es gelang, das Land zu christianisieren. Schon auf der Synode von 343 ist von norischen Bischöfen die Rede. In Teurnia, das eine der bischöflichen Residenzstädte war, entstanden herrliche Sakralbauten, die zwar nicht die Jahrhunderte überdauert haben, aber rekonstruiert

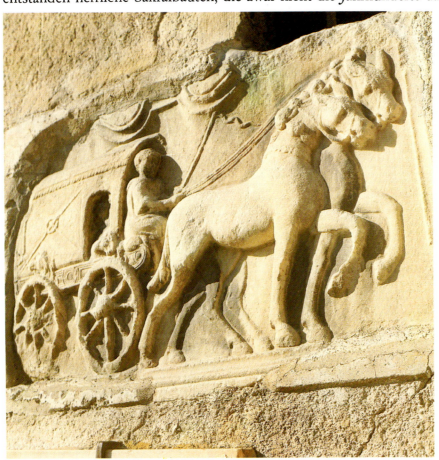

*Im Wallfahrtsort Maria Saal, gelegen am Rande des geschichtsträchtigen Zollfeldes, findet der Besucher an der äußeren Südseite der Kirche ein Lapidarium von römerzeitlichen Steinmetzarbeiten. Sie stammen höchstwahrscheinlich aus der während der Völkerwanderungszeit untergegangenen Stadt Virunum. Das bekannteste Relief ist ein mit Pferden bespannter Wagen. Es war wohl Teil eines Grabbaues, zu dem vermutlich auch das in der Nähe eingemauerte Relief mit der Schleifung Hektors durch Achill vor Troja gehörte*

werden konnten. So wissen wir aufgrund von Grabungsergebnissen genau, wie die im 5. Jahrhundert am Fuß des Stadthügels errichtete Friedhofsbasilika ausgesehen hat. Das Bauwerk war rund 33 m lang und 20 m breit. Beidseits des Langhauses gab es in Höhe des Priesterchores je eine 11 m lange Seitenkapelle mit rundem Abschluß. Die rechte Kapelle schmückte ein Mosaik-Fußboden mit höchst interessanten bildlichen Darstellungen. Das Kunstwerk überstand heil die Zeit und bildet den Stolz eines kleinen Museums, das an dieser historischen Stätte eingerichtet wurde.

Von blühendem christlichen Leben wissen wir weiters auf dem Hemmaberg im Unterland. Dort konnten u. a. eine Bischofskirche und ein Baptisterium nachgewiesen werden.

## SLAWISCHE LANDESFÜRSTEN

Der Zerfall des Römischen Imperiums und der Aufbruch der Germanen bedeuteten allerdings einen tiefen Einschnitt in die Entwicklung des Gebietes. Beklagenswerterweise folgte dem glanzvollen Höhepunkt der Sturz ins Chaos. Das Alpenland wurde mit Macht vom Sturm erfaßt, der das Altertum hinwegfegte und den Himmel über Kärnten für lange Zeit verfinsterte. In Bewegung gerieten die Dinge, als die Langobarden 568 Oberitalien besetzten. Wie groß ihr Einfluß auf Kärnten war, das durch diese Landnahme seiner Bindung mit dem Süden verlustig ging, ist nicht erforscht; bezeugt ist lediglich die Zugehörigkeit der Bischofssitze Virunum und Teurnia zum langobardischen Teil der Erzdiözese Aquileia. Gegen Ende des 6. Jahrhunderts überfluteten wandernde Völkerschaften auch Kärnten. Drauaufwärts stießen slawische Stämme vor und setzten sich im langgestreckten Alpental fest. Ein Teil der ansässigen Bewohner flüchtete, der andere zog sich wahrscheinlich in spärlich besiedelte Landstriche zurück. Hatte die Besetzung Noricums durch die Römer eine Bereicherung der Kultur bedeutet, führte die Einwanderung von Slawen zur Zerstörung und Verwüstung der Städte und Kirchen. Aber obgleich die keltisch-römische Kultur abgelehnt wurde, kam die slawische nicht zum Tragen. Um 700 werden die Bewohner des Alpenlandes in der Ravennatischen Kosmographie Carontani genannt, und ein Menschenalter danach erscheint auch für das Land die Bezeichnung Carantanum. Das Wort war keltischen, wenn nicht gar illyrischen Ursprungs. Aus den Wirren der Völkerwanderung war das von Bergwällen gesäumte Land als selbständiges politisches Gebilde hervorgegangen. Es bildete ein Fürstentum, über das freilich äußerst wenig ausgesagt werden kann. Den regierenden Fürsten stellte der slawische Adel. Den Alpenslawen war es allerdings nicht gegönnt, Karantanien zu neuer Blüte zu führen. Sie vermochten ihre Stellung nicht zu behaupten, ihre Macht zerbröckelte unter dem Druck, der von außen einsetzte. Ferner bleibt es fraglich, ob die alteingesessene Bevölkerung und die bajuwarischen Einwanderer, die vom Norden gekommen waren und ein weiteres Vordringen der slawischen Siedler hintangehalten hatten, dem slawischen Fürsten ergeben waren und auf seinen Schutz bauten.

Die Geburtswehen, die dem Mittelalter ins Dasein verhalfen, waren noch lange nicht zu Ende. Vieles befand sich in Fluß, die Neuordnung war keineswegs abgeschlossen. Im langobardischen Herzogtum Friaul war zwar einigermaßen Ruhe eingetreten, im Herzogtum Baiern waren die Dinge überschaubar, aber die Awaren in Pannonien bildeten einen großen Unsicherheitsfaktor. In den vierziger Jahren des 8. Jahrhunderts mußte der Karantanenfürst den Baiernherzog gegen sie zu Hilfe rufen. Odilo schlug zwar das Reiterheer, aber der Karantanenfürst Boruth wurde die Geister, die er rief, nicht mehr los. Er mußte sich in die Abhängigkeit des Baiernherzogs begeben. Wohl blieb er der regierende Fürst im Lande, aber die Selbständigkeit hatte geopfert werden müssen. Damit hatte man sich abzufinden, ob man wollte oder nicht, denn Odilo hatte sich der Loyalität durch Mitnahme von Geiseln versichert. Unter jenen Personen, die dieses bittere Los auf sich zu nehmen hatten, befanden sich Boruths Sohn Cacatius und der Neffe Cheitmar. Um 749 durfte Cacatius wieder nach Kärnten zurückkehren, um das Erbe seines verstorbenen Vaters anzutreten. Auf Cacatius, der bereits nach drei Regierungsjahren das Zeitliche segnete, folgte Cheitmar. Wo die Herzöge residierten, ist nicht überliefert, desgleichen ist das Schicksal des Fürstenhauses nach dem Ableben Cheitmars gegen Ende der sechziger Jahres des 8. Jahrhunderts unbekannt. In den schriftlichen Quellen klaffen so große Lücken, daß es nicht möglich ist festzustellen, ob Cheitmars Nachfolger, Waltunc, dem bis dahin herrschenden Geschlecht angehörte oder nicht. Auch über die Fürsten bis herauf zu Etgar, der in den zwanziger Jahren des 9. Jahrhunderts abgesetzt wurde, sind keine Nachrichten überliefert, die Auskunft über Abstammung und verwandtschaftliche Beziehungen geben könnten.

Unter Cacatius, der für das Christentum gewonnen worden war, setzte die zweite, diesmal von Salzburg ausgehende Missionierung des Landes ein. Der Herzog unterstützte das Bemühen der Kirche. Auch Cheitmar, gleichfalls getauft, bewies nach der Übernahme des Herzogtums, daß er den Katholiken gut gesinnt war. Während seiner Regierungszeit entsandte das Erzbistum Salzburg Modestus als Chorbischof nach Karantanien. Sein Amtssitz war Maria Saal. Der Regierungssitz des Landesherrn dürfte Karnburg gewesen sein. Der größte Teil des slawischen Adels war gegen die katholische Kirche eingestellt, und diese Ablehnung äußerte sich in religiösen und politischen Unruhen, die mit Cheitmars Tod schlagartig um sich griffen. Erst 772 vermochte Herzog Tassilo von Baiern der Lage in Karantanien Herr zu werden und den Aufstand niederzuschlagen. Trotz der Rebellion beließ Baiern die heimischen Fürsten an der Macht.

# MACHT GEHT AUF DEUTSCHE FÜRSTEN ÜBER

Nach dem Sturz Tassilos, der versucht hatte, mit den Awaren gemeinsame Sache zu machen, wurde Baiern eine fränkische Provinz mit Grafschaftscharakter und einem Präfekten an der Spitze. Ihm unterstand auch Karantanien. Später gehörte das Land zur Ostmark, die 803 aus dem zerschlagenen Awarenreich hervorgegangen war. 817 wurde Baiern und mit ihm das kleine Fürstentum zwischen den Karawanken und den Tauern Ludwig dem Deutschen zugeteilt. Diese personelle Veränderung zog in Kärnten eine innenpolitische Neuordnung nach sich. Spätestens um 828 traten an die Stelle der regierenden slawischen Fürsten bairisch-fränkische Grafen. Auslösendes Moment für die endgültige Absetzung des slawischen Herzogs könnte der Umstand gewesen sein, daß ein Teil der Karantanen den antifränkischen Aufstand des Fürsten Ljudevit von Posavien (Gebiet zwischen Drau, Save und Kulpa) unterstützt hatte. Die Machtübernahme schloß in sich, daß nun der fränkische König nach fränkischem Brauch über das herrenlose oder beschlagnahmte Gut frei verfügen konnte. Mit ihm wurden denn auch bis ins 11. Jahrhundert weltliche und geistliche Herren beschenkt.

Die bairisch-fränkische Herrschaft wirkte sich für Karantanien günstig aus. Es kam zu einer Aufwertung des Landes und zu einer ähnlichen Entwicklung wie zur Zeit des norischen Königsreiches, da der 856 mit der Ostmark-Präfektur betraute Karlmann, Sohn Ludwigs des Deutschen, das politische Schwergewicht nach Karantanien verlegte. Das Hinauswachsen Karantaniens über die Stellung eines Landes mit reinem Amtscharakter vollzog sich besonders deutlich, als Arnulf – Karlmanns illegitimer Sohn und Nachfolger – nicht nur die Verwaltung Karantaniens, sondern auch die Unterpannoniens übernahm. Wie groß der dadurch entstandene Machtzuwachs war, geht schon daraus hervor, daß Arnulfs Gebiet als „regnum carantanum" (Reich Kärnten) bezeichnet wurde. Mit dem Erreichten gab sich Arnulf, der mit der Beifügung „von Kärnten" in die Geschichte einging, nicht zufrieden – er strebte nach der ganzen Macht. Das Glück war ihm hold: 885 gewann er die Herrschaft über Baiern, 887 war er fränkischer König und 896 wurde er römischer Kaiser.

Nach den Karolingern ergriffen in Baiern und Karantanien die Liutpoldinger die Macht. Unter ihnen kam es zur Trennung des Landes von Baiern. Ab 976 war Kärnten selbständiges Reichsherzogtum, das erste auf dem Boden des heutigen Österreich. Es war ein verhältnismäßig großes Gemeinwesen, denn dem Herzog von Kärnten unterstanden außerdem die Marken Verona, Friaul, Istrien, Krain und das Gebiet der späteren Steiermark, zum Teil allerdings nur kurzfristig.

# DIE DEUTSCHE OBERSCHICHT

Unterdessen war die deutsche Oberschicht immer häufiger in Erscheinung getreten, und der slawische Adel verschwand nach und nach von der Bildfläche. Die slawische Führungsschicht wurde jedoch keineswegs ausgerottet, wie man meinen könnte, sie ging vielmehr in der germanischen auf. Zwischen den beiden war es zu verwandtschaftlicher Verflechtung gekommen. Diese Versippung war vor allem durch die Zwangsaufenthalte von Slawen in Baiern eingeleitet worden. Hinzu kam, daß manche der Deportierten nicht mehr nach Kärnten zurückkehrten und sich nördlich der Alpen eine neue Existenz aufbauten.

Karolingische Steinmetzarbeiten an der Giebelseite der Kirche von St. Peter am Bichl am Fuße des Ulrichsberges. Die beiden Flechtwerksteine sind die schönsten, die das Land besitzt, und in einer prachtvollen Erhaltung

In Kärnten gab es im frühen 9. Jahrhundert noch eine deutlich abgegrenzte slawische Oberschicht, aber durch die verstärkte deutsche Siedlertätigkeit vergrößerte sich die Zahl der bairischen und fränkischen Grundherren, die anscheinend an den Töchtern der Slawen Gefallen fanden und häufig Ehen mit Vertretern der anderen Volksgruppe schlossen. Umgekehrt suchten sich auch die jungen slawischen Grafen unter den Schönen der bairisch-fränkischen Geschlechter den Partner fürs Leben. So hatte beispielsweise der slawische Edle Georgius eine Schwester des einflußreichen Hofbeamten Heimo, namens Tunza, zur Frau genommen. Die beiden Gatten übergaben zu Beginn des 10. Jahrhunderts dem Freisinger Bischof für die Kirche von Maria Wörth ein am Wörther See gelegenes Eigengut und erhielten dafür einen ewigen Jahrtag und einen Begräbnisplatz bei der Kirche zugesichert.

Aus den Namen der Zeugen auf Urkunden läßt sich das Schwinden des slawischen Adels recht gut verfolgen. Nach der Karolingerzeit wird es zunehmend schwieriger, aus den jeweiligen Namen die slawische Herkunft abzulesen. Die Stiftungsurkunde für das benediktinische Frauenstift St. Georgen am Längsee, die wenige Jahre nach der ersten Jahrtausendwende angefertigt wurde, zeigt diese Wandlung deutlich. Unter den 22 Zeugen „Sclauenicis" finden sich außer den biblischen Namen Adam und Johannes nur noch drei typisch slawische (Goin, Laduta und Vitislau), die übrigen sind bairisch. Auffallenderweise entdeckt man darunter auch aribonische Hausnamen wie Hartwich und Chadalhoh sowie sighardingische; daraus ist zu ersehen, daß die Versippung bis in den bairischen Hochadel reichte.

Während also der slawische Adel allmählich ausstarb oder im deutschen aufging, konnte sich die einfache Bevölkerung slawischer Zunge bis in die Gegenwart behaupten.

## HERRLICHE FLECHTWERKMUSTER

Obwohl wir etliches über die Zeit zwischen 600 und 1000 wissen, vermögen wir uns von ihr dennoch kein plastisches Bild zu machen. Diese interessante Epoche der Geschichte Kärntens ist nur schemenhaft zu erfassen, bloß zu erahnen. Die Kultur jener Jahrhunderte ist gleichsam zu Staub geworden. Es gibt so wenig, an dem sich der Historiker zu orientieren vermag. Die karolingische Pfalz von Karnburg ist uns unbekannter als die keltisch-römische Stadt auf dem Magdalensberg.

Lediglich die kleine Kirche von Karnburg, deren Schiff weder in romanischer noch in gotischer Zeit nennenswerten Veränderungen unterzogen wurde, versetzt den Besucher, der mit Phantasie begabt ist, mehr als 1000 Jahre zurück. Zwischen dem Altarraum und dem Laienraum der damaligen Pfalzkapelle gab es eine Schranke aus Steinplatten. Auf ihr standen Säulchen, und über den beiden mittleren war ein schmuckreicher Bogen aufgebaut. Die Steinmetzarbeit bestand aus sogenannten Flechtwerkmustern. Sie verhinderten nach den uralten Vorstellungen des Volkes ein Eindringen des Bösen in den Bereich des Allerheiligsten. Als die Bischöfe im 11. und 12. Jahrhundert die Entfernung dieser Zaubersteine durchsetzten, wurden die Kunstwerke meist nicht zerstört oder fortgeworfen, sondern vielfach an den Außenfassaden der Gotteshäuser und anderer Gebäude eingemauert. Auf diese Weise wurden in Kärnten 30 solcher Flechtwerksteine vor der Vernichtung bewahrt. Welch ein schöner Besitz das ist, kann man ermessen, wenn man erfährt, daß im übrigen Österreich davon nur etwas mehr als ein halbes Dutzend existiert.

Um Kärntner Flechtwerksteine besichtigen zu können, muß man nicht unbedingt das Landesmuseum aufsuchen, denn der größere Teil derselben verblieb dort, wo die Vorfahren den Steinen einen neuen Platz anwiesen. Die zwei bekanntesten – sie befinden sich in bestem Erhaltungszustand – besitzt das romantische Kirchlein von St. Peter am Bichl, das nur ein paar Kilometer von Karnburg entfernt liegt. Die Steine sind übereinander an der Giebelseite des Gotteshauses eingemauert.

## MÖNCHE KAMEN INS LAND

Nach der Jahrtausendwende trat Kärnten in Jahrhunderte turbulenter Entwicklung ein. Auch im Gebiet zwischen den Tauern und den Karawanken ließen sich geistliche Orden nieder. Die Mönche beeinflußten im Mittelalter auch hier das religiöse, kulturelle und wirtschaftliche Leben und gaben der Architektur des Landes wieder Profil. Der Anfang wurde in Ossiach gemacht. Dort entstand vor 1028 ein Benediktinerstift. Gut ein Menschenalter danach folgte ein zweites Seestift der Benediktiner in Millstatt; 1091 ließen sich Angehörige dieses Ordens in St. Paul im Lavanttal nieder und 1106 wurde durch sie in Arnoldstein eine Abtei errichtet. Während es in Ossiach und Arnoldstein zu keinen bemerkenswerten Bauschöpfungen kam, setzten die Benediktiner von Millstatt und St. Paul der Baukunst mit romanischen Stiftskirchen fürwahr ein Denkmal. Die sakrale Anlage von Millstatt ist eine Pfeilerbasilika mit herrlichem Portal und zwei Türmen. Vom romanischen Stiftskomplex erhielt sich der sehenswerte Kreuzgang an der Südseite des Gotteshauses. Der Konvent von St. Paul hatte noch ehrgeizigere Pläne. Er ließ aus Kalksteinquadern gleichfalls eine dreischiffige Basilika errichten. Sie bekam ein vorspringendes Querhaus, drei Apsiden und ein fünfgeschossiges Turmpaar. Zwei prachtvolle Tore führen in die 1264 geweihte Stiftskirche, deren Länge 53 m und deren Breite 17 m beträgt.

Alles in den Schatten stellt jedoch der romanische Dom, den die Bischöfe des 1072 gegründeten Gurker Bistums in Gurk errichten ließen. Was die Bauleute dort zwischen 1140 und 1200 schufen, wird von den Kunsthistorikern als einmalig gerühmt. Die Gewölbe der Unterkirche ruhen auf

sechs Pfeilern und 100 Marmorsäulen, die Oberkirche besticht allein schon durch ihre Größe. Sie ist 72 m lang und 23 m breit. Ein imposantes Turmpaar bestimmt auch in Gurk die Silhouette der Anlage. Der Bauherr war allerdings nicht bloß auf Superlative bedacht, er sparte ebensowenig bei der künstlerischen Ausstattung.

Diese Bauwerke erregten sicher schon damals weit über die Grenzen des Landes hinaus Aufsehen, weil nirgendwo Bedeutenderes entstanden war. Es wäre falsche Bescheidenheit, wollte der Kärntner verschweigen, daß der Gurker Dom ein romanisches Baudenkmal von europäischem Rang ist und mit der Stiftskirche von St. Paul die zwei bedeutendsten Bauschöpfungen der Romanik in Österreich bildet. Kärnten hatte in der Romanik seine große Zeit!

Zu den Bauherren in Ordenskleidung zählten weiters die Zisterzienser, die 1142 nach Viktring geholt wurden. Auf sie, die Agrikulturmönche des Mittelalters, geht der älteste spitztonnengewölbte Sakralbau Österreichs zurück. Die im burgundischen Stil errichtete dreischiffige Stiftskirche hatte ursprünglich eine Länge von 60 m. Ende des Jahres 1217 beschloß der Dominikanerorden eine Niederlassung in Friesach, es war die erste auf deutschem Boden. Den Dominikanern blieb es vorbehalten, Kärntens längste Kirche zu bauen. Was da nach der Jahrhundertmitte Gestalt annahm, war vorerst ein riesiges Laienschiff mit einer Länge von 45 m. Nach einer mehrjährigen Bauunterbrechung bekam das Langhaus, das durch vier verhältnismäßig weit voneinander entfernt stehende Pfeilerpaare in drei Schiffe geteilt wird, einen Priesterchor angebaut, der mit drei Jochen und seinem gotischen Chorschluß abermals eine Kirche für sich bildete. Die Ordenskirche hatte nun eine Gesamtlänge von 74 m. Da es sich um das Gotteshaus eines Bettelordens handelte, bekam die frühgotische Anlage statt der Türme lediglich einen Dachreiter.

Südlich der Drau bauten die Augustiner-Chorherren in Eberndorf ein Stift, geistiges und religiöses Ausstrahlungszentrum für das ganze Jauntal, und nördlich des Flusses wirkten ab 1236 von Stift Griffen aus Prämonstratenser. Stift Griffen blieb die einzige Niederlassung der weißen Kanoniker im innerösterreichischen Raum.

Kleinere Klöster wurden in Villach, Wolfsberg und Völkermarkt gegründet. In die bambergischen Städte Villach und Wolfsberg wurden Minoriten geholt, und im landesfürstlichen Städtchen Völkermarkt ließen sich Augustiner-Eremiten nieder.

*Seiten 16 und 17: Das ehemalige Nonnenstift St. Georgen am Längsee und das Benediktinerstift St. Paul im Lavanttal*

# DER ADEL BAUTE BURGEN

Es wurde gebaut wie nie zuvor. Der Adel legte an geschützten und schwer zugänglichen Plätzen wehrhafte Wohnsitze an. Zu Dutzenden schossen die Ritterburgen aus dem Boden, das kleine Kärnten verwandelte sich im Hochmittelalter in ein Land der Burgen. Die ältesten, urkundlich nachweisbaren herrschaftlichen Ansitze sind aus dem Trixener Tal überliefert. Zwei der dortigen Burgen werden bereits in einem Dokument von 895 genannt, da sie aber bis ins 14. Jahrhundert voneinander nicht namentlich geschieden wurden, kann man nicht sagen, welche Anlagen mit den „duo castra in loco Thrusental" gemeint sind. Es können dies sowohl Obertrixen und Mittertrixen als auch Waisenberg und eine der erwähnten Burgen gewesen sein. Niedertrixen scheidet aus, da es in einem Pergament von 1251 als „novum castrum" bezeichnet wird. Von den Trixener Burgen waren Waisenberg und Mittertrixen die stattlichsten. Wer den Burgfelsen von Mittertrixen erklimmt, wovon allerdings wegen des äußerst steilen und pfadlosen Geländes abzuraten ist, der kann sich anhand der noch vorhandenen Ruinen ein ziemlich genaues Bild dieser historischen Anlage machen. Im gedämpften Licht des Waldes, der die Kuppe überwuchert, träumen mehrgeschossige Mauerreste. Je länger sich der Besucher in der weitläufigen Ruine mit den gotischen Tor- und Fensterprofilen aufhält, desto größere Achtung empfindet er vor den Leistungen des Mittelalters. Bei den damaligen Möglichkeiten muß es bei Gott kein leichtes gewesen sein, auf einem fast unzugänglichen Felsen ein derart repräsentatives Bauwerk zu errichten.

Am Beginn des Trixener Tales erhob sich unweit der Gurk die Burg Reinegg, die erstmals 1176 Erwähnung findet. Wahrscheinlich haben wir es bei diesem castrum ursprünglich mit einer Höhlenburg zu tun, die auf halber Höhe des Hanges unter einer überhängenden Felswand angelegt worden war. Um die Siedlung St. Veit an der Glan gab es einen ganzen Kranz von defensiven Herrensitzen, Höhenburgen auf den Hügeln und Wasserburgen in der Niederung. Noch heute blickt von Hochkraig, um einen festen Platz zu nennen, ein mächtiger Bergfried ins Land. Das in der Nähe gelegene Schloß Frauenstein – es zählt zu den schönsten spätgotischen Anlagen in Österreich – war damals eine Wasserburg. Kärntens großartigste Burg entstand auf Hochosterwitz.

Zu den heute noch bewohnten Burgen mit romanischer Bausubstanz gehört die ungemein romantische Anlage von Stein im Drautal. Das Bauwerk liegt westlich von Dellach, jenseits der Drau, etwa 200 m über der Talsohle, einem Felszahn aufgepfropft. Der diagonal gestellte Bergfried geht auf das 12. Jahrhundert zurück, die untersten Geschosse wurden aus dem Stein gehauen.

*Seiten 20 und 21: Groppenstein mit Markt Obervellach und Burgschloß Stein im oberen Drautal*

# DIE STÄDTEGRÜNDUNGEN

Wirft man einen Blick auf die Besitzverhältnisse zu jener Zeit, sieht man, daß es mehrere Machtblöcke gab. Der Herzog war keineswegs der unumschränkte Herr im Lande. Die weitläufigen Besitzungen geistlicher Fürsten engten seinen Einfluß ein. Das reich begüterte Erzbistum Salzburg war ein Fürstentum im Fürstentum, das gleiche konnte vom Bistum Bamberg gesagt werden – es war in Kärnten nicht minder zu ausgedehntem Landbesitz gekommen. Jeder der drei Fürsten suchte seine Stellung zu festigen und auszubauen. Bei diesem Machtstreben erfreute sich ein Dutzend Siedlungen der besonderen Gunst ihrer Herren. Diese förderten die Gemeinwesen auf jede nur erdenkliche Weise, damit sie wuchsen und gediehen. Im Laufe des 13. Jahrhunderts veranstalteten der Herzog und die beiden geistlichen Würdenträger förmlich ein Wettrennen, wenn es um die Erhebung von Siedlungen zu Städten ging. Es war denn auch hoch an der Zeit, daß Siedlungs-, Handels- und Verwaltungszentren entstanden. Kärnten war nämlich seit der Völkerwanderung ohne Stadtwesen. Rund 600 Jahre waren verstrichen, seitdem die keltisch-römischen Städte untergegangen waren.

Den raschesten Aufstieg erlebte Friesach, Eigentum des Erzbischofs von Salzburg und dessen zweite Residenz. Der Ort machte bereits zu einer Zeit Geschichte, als die späteren Städte Kärntens vielfach noch nicht einmal Kleinstsiedlungen waren. Schon im 12. Jahrhundert war Friesach häufig Treffpunkt der Prominenz, in der ersten Hälfte des 13. Jahrhunderts setzte sich die Bezeichnung „Stadt" endgültig durch. Der Bamberger Bischof mehrte das Ansehen der Brückensiedlung Villach, die sich zu einer Drehscheibe des Verkehrs und des Handels entwickelte, indem er ihr das Stadtrecht verlieh. In den archivalischen Nachrichten wird das Gemeinwesen 1240 erstmals als civitas bezeichnet. Das Liebkind der Kärntner Herzöge war St. Veit an der Glan, seit der Mitte des 12. Jahrhunderts nachweisbarer Regierungssitz. Im 1. Viertel des 13. Jahrhunderts wurde der Marktflecken mit Wall und Graben umgeben, eine Herzogsburg erbaut und die Ortschaft schließlich zur Stadt erhoben. Der kleine landesfürstliche Markt Klagenfurt, nördlich der Glan und gegenüber dem jetzigen Landeskrankenhaus gelegen, wurde in den Bereich südlich des Flusses verlegt. In einer Urkunde aus der Mitte des 13. Jahrhunderts tritt uns Klagenfurt als Städtchen entgegen. In derselben Urkunde wird auch dem herzoglichen Völkermarkt der Rang civitas bescheinigt.

Gegen Ende des 13. Jahrhunderts hatte der Landesherr drei kleine Stadtwesen. Bamberg besaß zwei: außer Villach war Wolfsberg civitas geworden. Das bambergische St. Leonhard im oberen Lavanttal kam bald nach der Jahrhundertwende zu Stadtehren. Salzburg hatte neben Friesach die Tauernsiedlung Gmünd zur Stadt gemacht; St. Andrä im Lavanttal, Residenzort des durch Salzburg gegründeten Bistums Lavant, nannte sich ab 1298 Stadt. Nachzügler waren Straßburg, Bischofssitz des Gurker Oberhirten, und Bleiburg; sie erhielten erst in der zweiten Hälfte des 14. Jahrhunderts ein Stadtrecht.

Zu den Städten gesellten sich aufstrebende Marktsiedlungen. Sie unterschieden sich von den Städten in der Regel dadurch, daß sie nicht ummauert waren. Es gab allerdings auch solche mit einem Befestigungsgürtel. Die Fortifikation erfolgte meist dann, wenn es sich um Bastionen von Immunitätsgütern handelte. So ließ beispielsweise Bamberg den Ort Griffen mit schützenden Mauern versehen.

Das Leben war einerseits durch Beschaulichkeit, andererseits durch Betriebsamkeit, Zänkereien und Fehden des Adels gekennzeichnet. Zwecks Schlichtung eines Streites zwischen dem Landesfürsten und dem Markgrafen von Istrien kam es 1224 zu einem Fürstentreffen in Friesach, in dessen Verlauf sich 600 Ritter bei einem Turnier die Zeit vertrieben. Ulrich von Lichtenstein berichtet darüber in seinem „Frauendienst". Kärnten hatte einen Namen und machte sich einen Namen: Die Friesacher Pfennige waren eines der beliebtesten Zahlungsmittel der damaligen Zeit. Des Herzogs Hofhaltung konnte sich sehen lassen; auch Walther von der Vogelweide hielt sich vorübergehend in St. Veit auf. Thomas von Aquin besuchte auf einer Durchreise das Dominikanerkloster in Friesach. Der Raum St. Veit an der Glan und Friesach war ein kultureller Mittelpunkt: Vom Kärntner Bürger Heinrich von dem Türlin stammt der erste, von einem Österreicher verfaßte Artusroman, „Die Krone".

## DIE HABSBURGER ERHALTEN KÄRNTEN

Regiert wurde das Herzogtum Kärnten nach der Jahrtausendwende durch Angehörige des in der Obersteiermark ansässigen Geschlechtes der Eppensteiner. Als dieses 1122 erlosch, was übrigens die völlige Loslösung der Steiermark von Kärnten zur Folge hatte, ging die Herzogswürde an die Grafen von Spanheim über. Nach ihrem Aussterben im Jahre 1279 stellten ab 1286 die Grafen von Görz-Tirol die Kärntner Landesfürsten. Nachdem 1335 der letzte männliche Sproß der Familie zu Grabe getragen worden war, kam das Herzogtum an das Haus Habsburg, was Kärntens Vereinigung mit Österreich, Steiermark und Krain bedeutete.

Einer Tradition nachkommend, unterzogen sich auch die Habsburger anläßlich der Übernahme der Regierungsgeschäfte jenen ausgefallenen Rechtsbräuchen, die in Kärnten mit der Inthronisation eines Herzogs verbunden waren. Sie fanden sie zwar zum Teil recht lächerlich, machten sie aber mit. Zu diesem Zwecke mußte der Fürst in Bauernkleidung am Fürstenstein in Karnburg erscheinen. Der Stein, der sich seit 1862 im Landesmuseum in Klagenfurt befindet, stand unter freiem Himmel und wurde vom untersten Stück einer römisch-ionischen Säule gebildet, wobei jedoch die Basis nicht als Sockel, sondern als

*Seiten 24 und 25: Die historischen Städte Gmünd und St. Veit an der Glan*

Sitzfläche Verwendung fand. Auf diesem steinernen Hocker hatte der Herzog Platz zu nehmen, damit die auf ihn übergegangene Gerichtsbarkeit voll wirksam würde. Doch das war vorerst nicht möglich, weil ein freier Bauer den Fürstenstein besetzt hielt. Im Rahmen eines bäuerlich-demokratischen Aktes mußte der Fürst dem Landmann Rede und Antwort stehen und das Versprechen abgeben, daß er stets ein gerechter Richter sein werde, bevor ihm Platz gemacht wurde. Nach dem Schauspiel in Karnburg begab sich der Landesherr mit Gefolge zum Festgottesdienst und zum Gastmahl nach Maria Saal. Abschließend fand sich alles beim Herzogstuhl auf dem Zollfeld ein, wo der Fürst den Steinthron einnahm, sich huldigen ließ und die Lehen vergab. Unter den Habsburgern führte Kärnten bisweilen ganz offiziell die Bezeichnung Erzherzogtum. Diese Hervorhebung war dem Land durch eine Urkundenfälschung von 1358/59, mit welcher Rudolf der Stifter besondere Rechte für das Haus Österreich erlangen wollte, das sogenannte Privilegium maius, zuteil geworden. Darin avancierte der Herzog von Österreich zum Pfalz-Erzherzog. Obwohl dieser Titel nach dem Tode Rudolfs IV. wieder aus dem Vokabularium verschwand, blieb Kärnten ehrenhalber Erzherzogtum. War von Kärnten allein die Rede, war es Erzherzogtum, es sank jedoch zum Herzogtum herab, wurde es zusammen mit anderen österreichischen Ländern genannt. Das zeigt, daß es ein reiner Ehrentitel war, der weder eine Vorrangstellung bedeutete noch mit irgendwelchen Vorteilen verbunden war. Auch im Titel der Habsburger wurde Kärnten erst nach Österreich und Steiermark genannt. 1453 verlieh Kaiser Friedrich IV. jenen Habsburgern, die Steiermark, Kärnten und Krain innehatten, den Titel Erzherzog, doch setzte sich dieser nicht durch. Im 16. Jahrhundert gab es wohl einen „Erzherzog zu Österreich, Herzog von Burgund, Brabant, Geldern, zu Steyer, zu Kärnten, zu Krain", aber keinen Erzherzog von Steyer, Kärnten und Krain, das wohl mit Rücksicht auf den „Erzherzog von Österreich". Aber in allen Urkunden, die auf Kärnten allein Bezug hatten, wurde weiterhin vom „Erzherzogtum Kärnten" gesprochen. Als Kaiser Karl VI. im Jahre 1728 zur Erbhuldigung in Kärnten weilte, wurde an ihn der Wunsch herangetragen, dem Land in allen Erbhuldigungen den Titel Erzherzogtum zu belassen. Tatsächlich ist in einem Dokument vom 17. September 1729 diese Ehrenbezeichnung zu finden. Da unter Maria Theresia Kärnten stets nur mehr als Erbherzogtum oder Herzogtum aufschien, baten die Landstände in einer Eingabe von 1790 wieder um den alten Titel für ihr Land, allerdings ohne Erfolg. Man war in Wien nicht mehr bereit, Kärnten diese Bevorzugung zu gewähren.

Da die Habsburger nur höchst selten nach Kärnten kamen und sich dann bloß kurze Zeit hier aufhielten, hörte St. Veit an der Glan auf, herzoglicher Residenzort und Regierungssitz zu sein.

# LAND DER 1000 KIRCHEN

Wenn das Herzogtum auch ab 1335 der Sonne landesfürstlicher Hofhaltung entbehren mußte, von einer Verkümmerung des Landes war vorerst nichts zu merken. Eine Reise durch Kärnten zeigt, daß es ein einziges Schatzkästlein ist. Jede Fahrt beschert eine Begegnung mit den überdurchschnittlichen Leistungen jener Zeit. In keinem anderen Bundesland Österreichs sind die romanischen und gotischen Kirchenbauten so dicht gesät wie hier. Fast 1000 Sakralbauten prägen in dem kleinen Bergland das Bild der Landschaft.

Als die Gotik auf Kärnten übergegriffen hatte, orientierte sich der Kirchenbau auch zwischen den Karawanken und den Tauern am neuen Stil. Viele der bestehenden Gotteshäuser wurden entweder von Grund auf neu errichtet oder wenigstens umgebaut. Heiligenblut bekam sein Wahrzeichen, eine dreischiffige Anlage mit Krypta und hohem, nadelspitzem Turm; in Maria Saal löste eine großartige Hallenkirche das alte Gotteshaus ab, das einsam gelegene Hochfeistritz am Hang der Saualpe erhielt einen Kultbau, der einem Marktflecken in der Ebene zur Ehre gereicht hätte, und Bad Sankt Leonhard im oberen Lavanttal eine Kirche, die in jedem Kunstführer verzeichnet steht.

Finanzschwache Filialkirchen, die nicht das Geld besaßen, die Schiffe mit Netzrippengewölben ausstatten zu lassen, wählten schablonierte Holzdecken. Wer es sich leisten konnte, der schaffte sich Flügelaltäre an. Kärnten besitzt von jenen prachtvollen Schnitzwerken noch immer rund fünf Dutzend, das ist mehr, als das übrige Österreich zusammengenommen sein eigen nennen darf. Wer die Kirche von Maria Gail aufsucht, der wird zu seiner hellen Freude im Langhaus einen geschnitzten und polychromierten Marienaltar aus dem Anfang des 16. Jahrhunderts entdecken und staunend vor ihm verweilen.

Zu dieser Augenweide kommen vielfach Fresken an den Kirchenwänden. Für sie hatten die Kärntner schon in der Romanik eine Vorliebe bekundet. Fachleute sagen, daß in Österreich das Bundesland Kärnten den größten Bestand an Wandmalereien aus dieser Epoche aufweist. Einen grandiosen Eindruck von spätromanischer freskaler Kunst vermitteln beispielsweise die Arbeiten in der über der Vorhalle und zwischen den Türmen gelegenen Bischofskapelle des Gurker Domes. Die Wandmalerei erfreute sich auch während der Gotik besonderer Gunst. Bis in die entlegensten Gebirgsdörfer wurden Maler geholt. 1539 erhielt unter anderem der Chor der Kirche von Pölling auf der Saualpe Fresken. Wie andernorts wurden auch in dieser Bergkirche Wände und Bogenfelder in ein buntes Bilderbuch verwandelt.

Der bedeutendste gotische Maler war Thomas von Villach. Sein Freskenwerk reicht von der kleinen Wandmalerei bis zur Ausschmückung des gesamten Chorraumes. In Gerlamoos schuf der Künstler einen aus 30 Bildern bestehenden Freskenzyklus. Die wohl schönste Ausstattung erhielt die Kirche von Thörl. Der Blick derjenigen, die zur Grenzstelle hinauffahren, ist allerdings nach Italien gerichtet, so daß nur wenige Touristen die abseits und etwas tiefer gelegene Kirche betreten und dann wie gebannt vor der malerischen Pracht im Chor stehen. „Es ist alles von einer unwahrscheinlichen Lebendigkeit und strahlenden Farbenhelle", beschrieb ein Dichter seine Eindrücke, „von einer leuchtenden Frische, die zuzunehmen scheint, je länger man die Bilder betrachtet. Wie da die Lichter gesetzt und die Gestalten gruppiert und vital dargestellt sind – das ist einfach bezwingend und bestrickend."

Die allgemeine Freude an Bildern brachte die Kärntner schließlich auf den Gedanken, auch die Tücher, mit denen in der Karwoche die Altäre verhängt werden, zu bemalen. So versah Meister Konrad von Friesach 1485 das fast 100 m² große Fastentuch im Gurker Dom mit 99 Bildern. 1504 erhielt die Kirche von Haimburg ein ähnlich wertvolles Tuch mit 36 Darstellungen aus dem Alten und dem Neuen Testament.

*Eines der schönsten spätgotischen Schlösser Österreichs: Frauenstein in der Nähe der ehemaligen Herzogstadt St. Veit an der Glan. Ursprünglich war es eine Wasserburg, die im 16. Jahrhundert großzügig erweitert wurde. Schloß Frauenstein ist gar nicht so leicht zu finden, denn es liegt abseits der Hauptstraße in einer stillen Gegend, unweit der Ruinen der Kraiger Schlösser*

Von der Bemalung blieben ebensowenig die Kirchenfenster ausgenommen. Wieder ist es Kärnten, das die älteste Glasmalerei Österreichs besitzt, jene nur 38 cm hohe Magdalenenscheibe aus Weitensfeld. Sie gehört dem 12. Jahrhundert an und bildet eine der ganz großen Raritäten des Diözesanmuseums in Klagenfurt. Um 1280 gaben die Dominikaner in Friesach herrliche Glasfenster, die 1838 in die Stadtpfarrkirche kamen, in Auftrag. Hundert Jahre danach waren es die Zisterzienser von Viktring, die die hohen Fenster im Chor der Stiftskirche mit Glasmalereien ausstatten ließen. Sie gelten als die schönsten des Landes.

Die größten Glasfenster Kärntens birgt die Leonhardikirche in Bad St. Leonhard im oberen Lavanttal. Über sie schrieb der Dichter Herbert Strutz: „Das ist ein Flammen und Gluten, ein Schimmern, Blenden und betörendes Leuchten, dessen Farbgewalt einem lange nachgeht und unvergeßlich bleibt. Der

*Der auf dem Zollfeld unter einer Baumgruppe stehende Herzogstuhl zählt zu den ausgefallendsten mittelalterlichen Rechtsdenkmälern Österreichs. Der gewaltige steinerne Doppelsitz besteht aus römerzeitlichen Spolien und bekam im vorigen Jahrhundert ein massives Eisengitter. Der Herzogstuhl bildete die letzte Station bei den Einsetzungsfeierlichkeiten für den neuen Landesfürsten*

Blick kann die Vielzahl der Bilder kaum bewältigen und ihren Inhalt nur ratenweise deuten. Doch das Feuer dieser gläsernen Wände wirkt im sinnenden Herzen lange fort wie das Glitzern und Lichtersprühen einer Schale voll kostbarster Edelsteine." Die aus 139 Einzelscheiben bestehende Glasgemäldefolge bringt Szenen aus dem Marienleben, aus der Kindheitsgeschichte Jesu, der Passion Christi, Bilder aus der Leonhardilegende, von Propheten und Heiligen.

## DIE TÜRKENEINFÄLLE

Das auslaufende Mittelalter brachte für das Land schwere und sorgenvolle Jahre. Das aus eurasischen Steppenländern aufgebrochene Reitervolk der Türken hatte die Balkanhalbinsel erobert, wodurch das Gespenst des Halbmondes für Kärnten immer näher rückte. Das Herzogtum blieb zwar von einer Unterwerfung verschont, aber die Jahre zwischen 1473 und 1483 waren durch blitzartige Einfälle gekennzeichnet, denen die Bevölkerung buchstäblich hilflos gegenüberstand. 1469 führte ein Raubzug die osmanischen Reiter zum erstenmal bis Krain, dem südlichen Nachbarn Kärntens. Mit Entsetzen vernahm die Bevölkerung diesseits der Karawanken die Kunde von niedergebrannten Dörfern, ermordeten oder verschleppten Bewohnern und bestialischen Verbrechen an Frauen und Kindern. Im Herbst 1473 brach das Unglück in seiner ganzen Härte auch über das Land zwischen den Karawanken und den Tauern herein. Ende September tauchten die Senger und Brenner, über den Seeberg kommend, in Unterkärnten auf. Bei Rechberg ließen Verteidiger zwar Steinlawinen abgehen, aber sie vermochten die Horden nicht zum Stehen zu bringen. Mehrere tausend Reiter sprengten ins offene Land und kamen bis zum Längsee und bis nach Feldkirchen, unterwegs Anwesen und Ortschaften plündernd und in Brand steckend. Personen, die ihnen in die Hände fielen, wurden entweder niedergemetzelt oder als Gefangene mitgenommen. Auf dem Rückweg zog ein Trupp Türken mit Beutegut an Klagenfurt vorbei. 300 verwegene Bürger der Stadt suchten den Osmanen einen Denkzettel zu verpassen und ihnen das Geraubte wieder abzunehmen, erlitten aber eine fürchterliche Schlappe: 90 Mann gerieten in den Hinterhalt und wurden brutal abgeschlachtet. Die Köpfe der Toten fand man später wie Rüben oder Krautköpfe zu einem Haufen geworfen.

Im Oktober 1476 wurde vorwiegend das Oberland heimgesucht. Wieder versagte die Abwehr durch Regierung und Adel, die Türken durften ungestraft Tod und Schrecken verbreiten. Als am 10. Oktober gegen Abend in Arnoldstein die Nachricht eintraf, über Kronau und Weißenfels näherten sich große Reiterscharen, flüchteten die Arnoldsteiner, die einen in die Kirche des Ortes, die anderen auf die Klosterburg der Benediktiner, aber dem Verderben entrannen sie nicht. Die Siedlung brannte alsbald lichterloh, 176 Personen, die im Gotteshaus Zuflucht gesucht hatten, kamen in den Flammen um. Zu allem

Unglück griff das Feuer auf die Abtei auf dem Felsen über. Wer nicht im Rauch erstickte, den töteten die Janitscharen, die nachher in die Brandruine eindrangen.

Im Juni 1478 bekamen die Kärntner diese Geißel neuerlich zu spüren. Diesmal nahmen die Bauern ihr Schicksal selbst in die Hand, scheiterten freilich kläglich, da sie keinerlei Kampferfahrung hatten. Von 3000 Männern, die sich bei Goggau den Türken stellen wollten, flohen etwas weniger als zweieinhalbtausend, bevor es überhaupt zu einer Feindberührung gekommen war. Und so schwärmten die osmanischen Reiter wieder nach allen Seiten aus. St. Jakob im Rosental wurde niedergebrannt, die Bewohner, die sich in die Wehrkirche gerettet hatten, waren zur Übergabe des Platzes überredet worden und mußten ihre Leichtgläubigkeit mit dem Tode büßen. In Reifnitz am Wörther See tauchten die Reiter so unverhofft auf, daß sie das Volk während eines Kirchtages überfallen konnten.

Kleinere Vorstöße und Raubzüge der Türken meldet die Chronik noch aus den Jahren 1480 und 1483. Außer dem Mölltal waren mehr oder minder alle Landstriche Kärntens heimgesucht worden.

## UNGARISCHE TRUPPEN

Die Janitscharen blieben nicht die einzige Plage. Zwischen 1480 und 1490 befanden sich Truppen des Ungarnkönigs Matthias Corvinus im Lande, wodurch sich die Sicherheitsverhältnisse noch um ein Vielfaches verschlechterten. Die Besetzung einzelner Ortschaften war den Kärntnern durch ein Zerwürfnis des Kaisers mit dem Salzburger Erzbischof aufgebürdet worden. Da der Kirchenfürst seine Besitzungen bedroht sah und er über keine eigenen Truppen verfügte, ersuchte er Corvinus um Beistand. Prompt erschien dessen Soldateska auch in Kärnten, um die Sicherung der erzbischöflichen Güter zu übernehmen. Friesach erhielt eine ungarische Besatzung und erlebte mit ihr sein blaues Wunder – die Soldaten benahmen sich schlechter als Feinde. Da den Leuten die Zeit bald zu lang wurde, unternahmen einzelne Rotten Raubzüge in die Umgebung ihrer Standorte und griffen unzulänglich bewachte Burgen des Kaisers an. Im Rahmen derartiger Überfälle eroberten Ungarn die Burg Liebenfels, ohne einen einzigen Schuß abgegeben zu haben, und ebenso mühelos setzten sie sich in den Besitz des Schlosses Loschental auf dem Josefsberg bei St. Paul im Lavanttal. Wie bitter die Bevölkerung unter den Ungarn zu leiden hatte, zeigt das Beispiel Lavamünd. In diesem kaiserlichen Ort kam es obendrein zu unerquicklichen Nebenerscheinungen. Im Spätherbst 1480 hatte die Siedlung einen neuen Pfleger erhalten, einen materialistisch eingestellten Mann, der nur für seine Tasche arbeitete. Er erhöhte die Weinmaut, und Weinfuhren von Kärntner Klöstern, die vielfach in der Gegend von Marburg Rebhänge besaßen, ließ er beschlagnahmen. Landesfürstliche Soldaten mußten aufgeboten werden, um Ordnung zu schaffen. Der Pfleger hatte sich rechtzeitig aus dem Staub gemacht, kehrte aber, als die Luft wieder rein war, zurück und bemächtigte sich des Offiziers, der mit einer kleinen Mannschaft zurückgeblieben war. Da der Pfleger neuer Sanktionen gewärtig sein mußte, übergab er Lavamünd kurzerhand den Ungarn. Ein Oberst Ringsmaul führte in den folgenden Jahren ein Regiment, daß den Bewohnern Hören und Sehen verging. Aus den Bauern wurde herausgepreßt, was herauszupressen war, die Einquartierungen brachten viele Bürger an den Bettelstab, und die Händler gerieten immer tiefer in Schulden, weil die Kriegsknechte zwar fleißig einkauften, aber die Ware nicht bezahlten. Diese allgemeine Not führte dazu, daß Bauern, Handwerker und Gewerbetreibende Lavamünd verließen. Nach dem Abzug der Ungarn war Lavamünd längere Zeit weitgehend ein verödeter Marktflecken.

## DIE LANDSTÄNDE

Das Geschick des Landes lag vornehmlich in der Hand des weltlichen und des geistlichen Adels. Die beiden Gruppen bildeten die sogenannten Landstände, auch Löbliche Landschaft genannt. Der ständische Einfluß ging nach der Jahrtausendmitte seinem Höhepunkt entgegen. Nach dem Aussterben der Grafen von Cilli und Görz kamen deren Besitzungen, zu denen fast ganz Oberkärnten zählte, unter landesfürstliche Hoheit, und der Adel dieser Herrschaften wurde den Landständen eingegliedert. Schließlich mußten sich auch Salzburg und Bamberg der Landeshoheit beugen. Mithin war das ganze Land auf den Landtagen vertreten.

Die Löbliche Landschaft war bestrebt, ihre Macht auch nach außen sichtbar zu machen. Die Landstände brauchten eine eigene Stadt, wo sie repräsentieren konnten, sie wollten Bauwerke errichten, die von ihrer Finanzkraft und ihrem Sinn für Kultur Zeugnis geben sollten. Bei der Suche nach einem geeigneten Stadtwesen kam ihnen der Zufall zu Hilfe. Nachdem Klagenfurt 1514 von einem verheerenden Brand heimgesucht worden war und der Wiederaufbau nicht die erwarteten Fortschritte machte, baten die Stände 1518 den Kaiser, ihnen das Stadtwesen zu überlassen; sie würden es ausbauen und zu einem unbezwingbaren Bollwerk gestalten. Dieses Anerbieten gefiel Maximilian I., weil die Bedrohung des Reiches durch die Türken ohnehin zugenommen hatte und die innere Sicherheit wegen schwelender sozialer Unruhen gefährdet war – er schenkte ihnen das Städtchen. Die Klagenfurter waren darüber bestürzt, gingen sie doch all ihrer Sonderrechte über Nacht verlustig, und schickten eine Abordnung zum Kaiser, um ihn zur Rückgängigmachung dieser Schenkung zu bewegen, doch den Regenten und

*Seite 33: Blick auf das ständische Landhaus und die Altstadt von Klagenfurt*

Stadtherrn ereilte der Tod, ehe er eine für die Bürger von Klagenfurt tragbar scheinende Regelung getroffen hatte. Später stellte es sich dann heraus, daß die Klagenfurter dennoch das große Los gezogen hatten, denn die Stadt der Stände entwickelte sich zur Metropole des Landes.

Wuchsen andere Städte, wirkte sich dies meist nur in den Vorstädten aus. In Klagenfurt wurde die ehemalige Stadt zum Stadtkern, die Stadtmauern rückten auf allen vier Seiten nach außen und schufen auf diese Weise Platz, für damalige Verhältnisse außerordentlich viel Platz. Zur Speisung des neuen Stadtgrabens wurde eigens ein Kanal hinaus zum Wörther See gegraben. Im letzten Viertel des 16. Jahrhunderts lief innerhalb des Walls die Bautätigkeit im großen Maßstab an. Das gewaltige steinerne Mieder mit den vier Stadttoren war zwar noch nicht vollendet, aber die Stadtherren konnten es nicht erwarten, daß auch Häuser das neue Stadtbild prägten. Es kam zur Errichtung des doppeltürmigen Landhauses, zur Erbauung der sogenannten Burg und einer großen protestantischen Predigerkirche (jetzt Domkirche). Auch sie ist ein Beweis dafür, daß die Stände hoch hinaus wollten, denn nirgendwo in Österreich entstand während der Zeit der Glaubensspaltung ein lutherischer Kultbau von ähnlichen Dimensionen. Die Verbauung jener Flächen, die in den Stadtbereich neu einbezogen worden waren, erfolgte verhältnismäßig rasch. Mit dem vorhandenen Platz gingen die Stände übrigens verschwenderisch um, was noch in unseren Tagen die rasterförmig angelegten breiten Straßen zwischen dem Neuen Platz und dem Viktringer Ring erkennen lassen.

## RELIGIÖSE UMWÄLZUNGEN

Der Bau des neuen Klagenfurt fiel in eine Zeit enormer religiöser Spannungen und Umwälzungen. Die katholische Kirche hatte an Ansehen eingebüßt, weil die hohen Würdenträger statt Seelenhirten oftmals rein weltlich eingestellte Männer waren, die ihre geistlichen Aufgaben arg vernachlässigten. Ein Teil des Klerus führte ein ungebundenes Leben, und in den Klöstern war die Ordenszucht tief gesunken. Die religiöse Bildung lag brach, da die Priester selbst nicht über das nötige Fachwissen verfügten. Verschärft wurde die Lage zudem durch soziale und politische Konflikte. Bis hinab in die untersten Schichten der Bevölkerung machten sich Unzufriedenheit, Unmut und Enttäuschung breit. Selbst das einfache Volk verlangte nach einer Neuordnung der Dinge.

Als dann die durch Luther herbeigeführte Glaubensspaltung auf Kärnten übergriff, kam es im Lande zu einem explosionsartigen Umsichgreifen des Protestantismus. Es läßt sich denken, daß die katholische Kirche in Grund und Boden verdammt wurde und ihre Vertreter mit Hohn und Spott überschüttet wurden. Die Prämonstratenser des Stiftes Griffen wagten sich kaum noch auf die

Straße, es hagelte jedesmal Beschimpfungen und gefährliche Drohungen, wenn sich ein Pater in der Öffentlichkeit zeigte.

Allen voran lief der Adel mit fliegenden Fahnen ins neue Lager über. Vom Abfall blieben nicht einmal die bambergischen Städte Villach und Wolfsberg verschont. In der zweiten Hälfte des 16. Jahrhunderts war Kärnten mit Ausnahme der slowenischen Bevölkerung zu einem bedeutenden Teil protestantisch, die Stadt der Stände zur Gänze. 1578 war es so weit, daß der katholische Landesherr dem Adel die freie Religionsausübung gestattete.

Dieser Gunst erfreuten sich die Protestanten freilich nur bis zur Jahrhundertwende. Nachdem die katholische Kirche aus der Agonie erwacht war, ging sie mit Vehemenz daran, das verlorene Terrain zurückzugewinnen. Dabei leistete der Landesherr Schützenhilfe. Wer nicht in den Schoß der Kirche zurückkehrte, der hatte das Land zu verlassen. 1628 hob der Kaiser auch die Religionsfreiheit für den Adel auf. Viele Familien nahmen daraufhin das Exulantenschicksal auf sich und gingen nach Süddeutschland. Wer blieb, der durfte den Glauben bis zum Toleranzpatent 1781 nicht bekennen.

Der Protestantismus hielt sich vor allem in den abgeschiedenen Tälern Oberkärntens, seine geistige Nahrung bezog er aus dem Schrifttum, das noch während der Reformation ins Land gelangt war. Zu den Raritäten aus jener Zeit zählt eine Bibelübersetzung ins Slowenische von Georg Dalmatins. Ein Exemplar der 1584 in Wittenberg gedruckten und 2000 Stück starken Auflage tauchte 1960 in Agoritschach bei Arnoldstein auf und zählt zu den kostbarsten Schätzen des evangelischen Diözesanmuseums von Fresach im Drautal.

## BLÜHENDE EISENINDUSTRIE

Wenn auch Kärntens Blütezeit vorüber war, brachte das Land dennoch nach wie vor Leistungen hervor, die ihm zur Ehre gereichten. Ferlach rückte in der Neuzeit ins Blickfeld der Wirtschaft. Die militärische Umrüstung auf Feuerwaffen versprach den Erzeugern von Schießeisen eine gesicherte Zukunft. Die Ortschaft am Loiblbach faßte diese Gelegenheit beim Schopf und wurde die Waffenschmiede des Reiches schlechthin. Das gänzlich neue Gewerbe hatte sich in Ferlach um die Mitte des 16. Jahrhunderts angesiedelt. Schon 1559 gab es Handwerker, die auch die Herstellung von Gewehrschlössern beherrschten. 1572 waren die Betriebe bereits so leistungsstark, daß sie auch Kundschaften zufriedenstellen konnten, die, wie etwa das Laibacher Zeughaus, 430 schwere Feuerbüchsen bestellten. Um 1780 standen an den Werkbänken rund 500 Meister. Zwischen 1772 und 1779 kaufte allein das Wiener Zeughaus in Ferlach

58.000 Stück Waffen. Heute beschränkt sich die Erzeugung auf Jagdwaffen, die zu 90 Prozent in den Export gehen.

Um den Bergbau, von dessen Erträgnissen die Grundherren und Grubenbesitzer seit Menschengedenken zehrten, war es im 16. Jahrhundert ebenfalls noch gut bestellt. „Mer dann in andern land", sagt der Arzt Paracelsus, „seynd mancherley bergwerk in diesem." Das Schürfen auf Edelmetall und die Goldwäscherei lohnten sich. In den Hohen Tauern und im oberen Lavanttal wurden jährlich etwa 120 kg Gold und 800 kg Silber gewonnen. Die Tage des Edelmetallbergbaues waren aber gezählt. Der Ertrag verringerte sich von Generation zu Generation, die Unternehmen wurden unrentabel, da die Bodenschätze einesteils fast zur Gänze gehoben waren und anderenteils die Abbaukosten durch das immer tiefere Vordringen unter die Erdoberfläche oder in hochalpine Gebiete erheblich stiegen. Den Garaus machte dem Edelmetallbergbau schließlich die Einfuhr preisgünstigen Edelmetalls aus Übersee.

Von großer wirtschaftlicher Bedeutung blieb aber weiterhin der Abbau von Blei und Eisenerz. Landauf und landab wühlten die Knappen unter Tag, landauf und landab gab es Verhüttungsbetriebe und eisenverarbeitende Werke. Kärnten war – man kann sich das heute kaum vorstellen – ein einziges Industrie- und Bergbaugebiet. Überall rauchten die Schornsteine, überall pochten die Hämmer, überall waren Köhler an der Arbeit, um die Betriebe mit der nötigen Holzkohle zu versorgen. 1529 gab es allein in der Mosinz 15 Schmelzöfen und drei Hammerwerke.

Wurden die Grubenbesitzer durch Wassereinbrüche und technische Rückständigkeit stets vor neue Probleme gestellt, fanden die Gewerken immer rationellere Methoden der Verarbeitung. Die Hochöfen, die im 18. Jahrhundert in Kärnten gebaut wurden, erregten in der Fachwelt allgemein Aufsehen. Wie unermeßlich reich das Land an Bodenschätzen war und teilweise noch immer ist, das zeigte erst in den sechziger Jahren dieses Jahrhunderts die Entdeckung von großen Zinkerzvorkommen in Bleiberg. Die gewaltigen Zinkstöcke weisen Querschnitte von 2000 bis 6000 m$^2$ auf. Sie werden möglicherweise bis zum Jahre 2000 den gesamten Zinkbedarf Österreichs zu decken vermögen.

Villach erlebte im 16. Jahrhundert sein goldenes Zeitalter als Handelsstadt. Aufgrund weitreichender Handelsbeziehungen mit dem Süden und dem Norden und der günstigen Geschäftslage gelangten viele Bürger zu Reichtum und Ansehen. Manches schöne Haus der Altstadt entstand in jenen Jahrzehnten. Die dichte Ansammlung schöner Häuser trug den Wohlstand auch nach außenhin zur Schau.

Die Baukunst der Renaissance durfte in Kärnten leider nur spärliche Glanzlichter setzen. Zu ihnen gehören das ständische Landhaus in Klagenfurt und das Schloß Porcia in Spittal an der Drau. Letzteres wird zu den schönsten österreichischen Bauten jener Epoche gerechnet.

*Seite 37: Der dreigeschossige Arkadenhof des Schlosses Porcia in Spittal an der Drau*

# KÄRNTEN AUF KUPFERSTICHEN

Wie sah eigentlich der Außenstehende dieses Land? Der Kupferstecher und Verleger Matthäus Merian beschreibt Kärnten in seiner Österreich-Topographie, die 1649 erschien, als ein verhältnismäßig kaltes Land, das viele Berge und Seen hat. Weiters erwähnt er, daß es im Herzogtum „zimblich" Bergwerke gibt, die Bewohner viel Getreide anbauen und viel Vieh halten. Eine mitteilenswerte Merkwürdigkeit sah Merian im Vierbergelauf, einer seltsamen Wallfahrt, die von der Landbevölkerung nach Ostern unternommen wurde. Er versäumte nicht hinzuzufügen, daß Wallfahrer ob der Strapazen unterwegs erkrankten und „zu Zeiten etlich gar" starben. Die kultische Marathon-Veranstaltung findet noch alljährlich statt; sie nimmt ihren Ausgang um Mitternacht auf dem Gipfel des Magdalensberges, führt von dort auf den Ulrichsberg, weiter auf den Veitsberg und endet auf dem Lorenziberg. Die Wallfahrt, die auf vorchristliche Flurläufe zurückgeht und offenbar eine Art des Kornaufweckens darstellt, dauert nicht einmal 24 Stunden, wobei eine Wegstrecke von rund 50 km über Berg und Tal zurückzulegen ist. In den dreißiger Jahren des 19. Jahrhunderts beteiligten sich an diesem Unternehmen jedesmal bis zu 5000 Personen.

In Merians Werk ist Kärnten mit einer Landkarte und 19 Wiedergaben von Städten, Ortschaften und Burgen vertreten. Konterfeit sind St. Andrä im Lavanttal, Klagenfurt, Friesach, Bleiburg, Straßburg, St. Veit an der Glan, Villach, Völkermarkt, Wolfsberg, Spittal an der Drau, Gurk, Maria Saal, Griffen, Hochosterwitz, Hollenburg, Sonnegg und Landskron.

Ein Menschenalter danach gab Johann Weichard Valvasor, ein im benachbarten Krain ansässiger Freiherr, ein stattliches Bildwerk über Kärnten heraus. Es enthält über 200 Kupferstiche von den verschiedensten Wohn- und Siedlungsplätzen des Landes. Recht interessant ist auch der Text der großen Ausgabe von 1688. Der Leser erfährt mancherlei Zeitgeschichtliches, so etwa, daß bei aufziehenden Gewittern gegen die unheildrohenden Wolken geschossen wurde. „Das Land ist dem Ungewitter sehr untergeben", erzählt Valvasor, „zu welchem Ende jährlich von der Löbl. Landschaft in Kärndten eine gewisse Quantität Schieß-Pulver auf gewisse Örther aufgetheilt wird, damit man große Mörser und Doppelhaken starck laden thut und solche in der Bereitschaft hält: wann eine schwartze Wolcken oder übles Wetter kommt, alsdenn pflegt man einen starcken Schuß gegen die Wolcken bald auf jenem, bald auf diesem Berg zu thun und dergestalt die Wolcken zu vertreiben, daß kein übles Wetter (das ist der Schauer) daraus entstehen kann. Sonst geschehn diese Schüß geminiglich im Gebirg, jedoch zuweilen auch in der Ebene und ist zu bewundern, wie geschwind man damit eine böse Wolcken zertrennen thut."

# WEINBERGE

Bei der Betrachtung der Kupferstiche von Valvasor fällt auf, daß die Kärntner in der Vergangenheit auch Weinbau betrieben. Vor allem Schloßbesitzer legten gern Rebhänge an. So gab es Weingärten bei der Hollenburg, beim Schloß Thürn bei Wolfsberg, am Hang des Wolfsberger Schloßberges und unterhalb der Burg Sonnegg. Für Sittersdorf ist aus dem Mittelalter ein eigenes Weinbergstatut überliefert. Es enthält u. a. Richtlinien und Weisungen im Zusammenhang mit dem Diebstahl von Trauben, durch Vieh verursachte Schäden an den Kulturen und bei verbotenem Verkauf der Lese. Wenn das Bergtaiding zusammentrat, mußte meistens auch in Weinbergangelegenheiten verhandelt werden.

Aus archivalischen Nachrichten geht hervor, daß es im Jauntal schon im 10. Jahrhundert Weingüter gab. 1096 existierten „Weinberge" nachweislich im Bereich des Gutes Wallersberg bei Völkermarkt. Mit dem Weinbau befaßte sich in den vergangenen Jahrhunderten auch das Städtchen Völkermarkt. Es besaß Rebhänge an der Südflanke des „Weinberges" und am Südhang der Stadtterrasse unterhalb des Stadtwalls. Wie die anderen Kärntner Weine, war auch der Völkermarkter Tropfen ziemlich sauer. Diesem abwertenden Urteil wußten die Gastwirte jedoch seine appetitanregende Wirkung gegenüberzustellen. In Völkermarkt verfügten fast alle größeren Bürgerhäuser einst über das Recht des Weinausschanks. Es umfaßte vornehmlich den Verkauf des Jauntaler und hier wieder ganz besonders des Sittersdorfer Weines. Den Gästen wurde daneben auch Wein aus der Untersteiermark, aus Südtirol und Italien kredenzt.

Zur Weinstadt entwickelte sich Völkermarkt durch Sonderrechte aus dem Jahre 1443, als der Landesherr den Bürgern eine Weinniederlagsfreiheit gewährte. Das hieß, daß für jede Weinfuhre, die durch die Stadt kam, eine Gebühr zu entrichten war. Besonders aus der Durchfuhr steirischen Weines erzielten die Völkermarkter bis 1870 beträchtliche Einnahmen.

# DIE ZWEI GROSSEN BEBEN

Wer die Geschichte dieses Landes erzählt, der kann zwei schicksalsschwere Naturkatastrophen nicht übergehen. Es waren Erdbeben. Das eine ereignete sich im Mittelalter, das andere in der Neuzeit. Von den beiden großen Beben war die Katastrophe des Jahres 1348 die schwerere. Das Unglück brach am späten Nachmittag des 25. Jänner über die Bevölkerung des Villacher Raumes herein. Die Erdstöße waren derart heftig, daß die Draustadt in Trümmer sank, wobei die ausbrechenden Brände, verursacht durch die Herdfeuer, zusätzliche Zerstörungen anrichteten. Viele Bewohner wurden von den Schuttmassen begraben, so die Besucher einer Segensandacht in der Stadtpfarrkirche, die durch das Beben einstürzte. An der Südseite der Villacher Alpe lösten sich durch die Erschütterung 30 Millionen Kubikmeter Gesteins und donnerten in die Tiefe. Der Luftdruck war in Arnoldstein so stark, daß Personen durch die Druckwelle zu Boden geschleudert wurden. Der Bergsturz hemmte auch den Lauf der Gail, was zu einer Überschwemmung führte. Die Folgen waren entsetzlich: eineinhalb Dutzend Wohnplätze oder Siedlungen fielen den Naturgewalten zum Opfer.

Das zweite große Beben überliefern die Chronisten aus dem Jahre 1690. Am Nachmittag des 4. Dezember erfolgten innerhalb einer Stunde 20 Erdstöße, wovon der erste der stärkste war. Wieder kam Villach zum Handkuß. Auch diesmal blieb die Stadtpfarrkirche nicht heil: der Turm spaltete sich in zwei Hälften und fiel bis auf den untersten Teil auseinander. Nach Augenzeugenberichten konnten die Villacher in den darauffolgenden Wochen vor lauter Stützen und Spreizen kaum durch die Gassen gehen.

In Klagenfurt kam es gleichfalls zu größeren Auswirkungen. Die doppeltürmige Stadtpfarrkirche St. Egid wurde so schwer beschädigt, daß sich die Verantwortlichen zum Abtragen und Neubau des Gotteshauses entschlossen.

Beim Beben von 1690 mußten weiters an vielen mittelalterlichen Burgen und Herrensitzen schwerste Schäden festgestellt werden. Einige Burgen wurden derart in Mitleidenschaft gezogen, daß von einer Instandsetzung der Anlagen Abstand genommen wurde.

## DAS PESTJAHR 1715

Die Vorfahren wurden immer wieder von Schicksalsschlägen und größeren Katastrophen heimgesucht. Wiederholt bekamen sie die Geißel von Seuchen zu spüren. Die Pest wurde mehrmals in das kleine Land eingeschleppt. 1680 raffte sie in Preitenegg 132 Personen hinweg, und in dem südlich der Drau gelegenen Herrschaftsbereich der Hollenburg starben im besagten Jahr an den Pestbeulen 240 Menschen.

Das Pestjahr schlechthin war 1715. Damals wütete die Seuche fast in allen Teilen des Herzogtums. Um deren Ausbreitung einzudämmen, wurden von den Behörden verschiedene Maßnahmen getroffen, die jedoch meist nicht die erwarteten Erfolge zeitigten, weil die Bevölkerung den Anordnungen nicht Folge leistete. Nach dem Auftreten des Schwarzen Todes im Metnitztal verordnete die Hauptkommission für Pestsachen am 21. Juli 1715, „daß alle müßigen Leute abzuschaffen waren, die Bettler in ihre Pfarren, wo sie mit gewissen Zeichen kenntlich zu machen waren, damit sie, falls sie sich in andere Ortschaften begaben, sofort erkannt werden konnten".

Die Pässe waren gesperrt worden, Brücken wurden verbarrikadiert oder abgetragen und an belebten Wegkreuzungen Wachposten aufgezogen. Zur Abschreckung wurden allenthalben Galgen aufgerichtet. Wolfsberg schloß die Stadttore, Klagenfurt verhängte über jeden, der in die Stadt wollte, eine 42tägige Kontumaz, lediglich für Personen, die nachweislich aus einem Ort „mit frischer und gesunder Luft" kamen, war sie kürzer. Der Transport von Erz und Eisen war nicht gestattet, da dieses Metall als Bazillenträger angesehen wurde. Trotz dieser Vorkehrungen griff das Sterben um sich. Nach einem Monat beklagte Friesach bereits 170 Tote, eine Vorstadt war so gut wie ausgestorben. Die Hiobsbotschaften aus den verschiedenen Teilen des Landes häuften sich. Am 5. September traf in der Landeshauptstadt die Nachricht ein, alle Bewohner der Mosinz seien tot. Auch in Guttaring, Tainach, Sirnitz, Glödnitz, Reichenfels und Bleiburg hielt der Sensenmann reiche Ernte. Ein Bericht vom 7. November meldete 42 angesteckte Ortschaften. Im Spätherbst hatte das Übel auch auf Oberkärnten übergegriffen. In Unterkärnten war noch immer kein Abflauen der Seuche festzustellen. In Lavamünd waren gegen Ende des Monats nahezu alle Bürgerfamilien ausgerottet. Verzweifelt war die Lage ferner in Völkermarkt. Am 26. November richtete der Stadtschreiber an den Landrichter einen Brief, in dem es hieß: „In Völkermarkt ist alles voller Betrübnis, da nicht die geringste Änderung sich anzeigt. Vom 24. August bis jetzt sind 20 Bürgerhäuser völlig ausgestorben, die meisten anderen inficiert. Es ist eine solche Miserablität und Ellend, daß es nit zu beschreiben, man kann sich nit genuegsamb vor diesem abscheulich güfft hüetten; Gott hilf uns und dem Land Cärnthen wiederumb aus diesem Trangsaal."

Erst der Winter brachte die Pest nach der Jahreswende zum Erliegen. 400 genesenen Personen standen in der Bilanz 7000 Tote gegenüber.

## PESTSÄULEN UND PESTKREUZE

In mehreren Städten Kärntens wurden nach dem Pestjahr 1715 zur Erinnerung an die ausgestandene Angst und aus Dankbarkeit dafür, daß der Todesengel vorübergegangen war, Pestsäulen errichtet. Auf dem Hauptplatz von Bleiburg gelangte 1724 ein der Unbefleckten Empfängnis geweihtes Monument zur Aufstellung. Wolfsberg, das von der Seuche verschont geblieben war, erhielt eine herrliche Mariensäule, für deren Standort der romantische Hohe Platz gewählt wurde. Auch St. Veit an der Glan bekam seine Pestsäule. Klagenfurt hatte schon seit den achtziger Jahren des 17. Jahrhunderts eine Gedenksäule; sie steht jetzt auf dem Alten Platz. Völkermarkt erhielt nach dem Pestjahr 1715, das fast 2000 Völkermarkter Bürger unter die Erde brachte, eine Dreifaltigkeitssäule. Sie hat ihren Standort vor

*Seiten 42 und 43: Hübscher Bildstock bei Gösselsdorf und gotischer Karner in Metnitz*

dem Rathaus. Über den Massengräbern entstanden in den Jahren und Jahrzehnten nach 1715 etwa 2500 neue Bildstöcke. Viele dieser kleinen Kunstwerke stehen noch in unseren Tagen innerhalb einer eigenen Einfriedung, die sie als Pestkreuze ausweist.

## BAROCKER AUFPUTZ

Die Leistungen des Barocks halten sich in Kärnten in bescheidenem Rahmen. Die außergewöhnlichen Bauschöpfungen von Romanik und Gotik wiederholen sich im Barock nicht. Die Baulust war gehemmt, überdurchschnittliche baukünstlerische Taten wurden nicht gesetzt. Aber ganz ohne Auswirkungen ging auch diese Stilepoche nicht vorüber. Die doppeltürmige Kreuzkirche mit Zentralkuppelraum, die zwischen 1726 und 1738 in der Perau in Villach errichtet wurde und eine barocke Ausstattung erhielt, sowie die aus den Jahren 1725 bis 1727 stammende Wallfahrtskirche Mariahilf ob Guttaring stellen jedenfalls Bereicherungen der Architektur Kärntens dar.

Vielfach begnügten sich die Kärntner damit, Bestehendes barock auszustatten und ihm ein barockes Aussehen zu geben. Eine große Anzahl von Kirchtürmen erhielt Zwiebelhelme, und an die Stelle älterer Altäre rückten in den meisten Gotteshäusern barocke. Schier unübersehbar ist die Fülle der geschnitzten Altäre und Statuen aus dieser Zeit. Die Bildhauer erwiesen sich als ungemein schaffensfreudig.

Recht beachtliche Leistungen auf dem Gebiet der Stuckdekorationen brachten zwei Generationen der Familie Pittner hervor. In zweijähriger Arbeit wurde die Domkirche in Klagenfurt ab 1725 im Innern mit Stuck versehen; die Vorderfront des Rathauses in St. Veit an der Glan verwandelte sich unter den geschickten Händen der Stukkateure in eine prächtige Schaufassade, und im Stift Viktring schufen meisterliche Hände großartige Prunkräume. Vielleicht waren sie als Kaiserzimmer gedacht, zumal die Stände in Klagenfurt kein würdiges Absteigquartier für den Monarchen besaßen. Auch die reichen, graziös geschwungenen Akanthusranken am Chorgewölbe des Domes in Maria Saal sowie an den Gewölben und oberen Seitenwänden der südlichen Seitenkapellen des Marienheiligtums wurden von einem Pittner im Jahre 1710 geschaffen. Die Draperie-Verzierung kam um 1715 hinzu.

Die Malerei fand in Josef Ferdinand Fromiller einen tüchtigen Vertreter. Schon dessen Vater, der in Klagenfurt ein Haus besaß und 1726 starb, war Maler gewesen. Josef Ferdinand, Jahrgang 1693, bekam seinen ersten Gönner im Gewerken Stampfer. Dieser war Besitzer des Schlosses Trabuschgen in Obervellach und holte den jungen Maler 1716 auf seinen Ansitz, um ihm die künstlerische Ausgestaltung des Hauses zu übertragen. Der Flursaal des oberen Stockwerkes hat noch heute jene Fresken, die Fromiller schuf. Auch die Grabkapelle, die der Schloßherr in Stallhofen an die Nordseite des Gotteshauses anbauen ließ, durfte Fromiller 1717 mit Fresken schmücken.

Auch andere adelige Familien geizten nicht mit Aufträgen. So holte Goëss den Maler nach dem Um- und Ausbau des Ebenthaler Schlosses. Selbst die Landstände hielten große Stücke auf Fromiller. Sie ernannten ihn 1733 zum Landschaftlichen Maler und ließen durch ihn das Landhaus mit Fresken ausstatten. 1740 schuf Fromiller jene schönen Wandmalereien, die dem Großen und dem Kleinen Wappensaal seither ihr Gepräge geben. Die Decke des Großen Saales präsentiert sich als reich profilierte Säulenhalle, deren Plafond den feierlichen Erbhuldigungsakt von 1728 wiedergibt. Die Wände des repräsentativen Raumes wurden mit den Wappen der Landstände, Landeshauptleute, Landesverweser und Landesvizedome geziert. Die landschaftliche Ratsstube (der Kleine Wappensaal) wurde mit den Wappen der Burggrafen, Generaleinnehmer und Verordneten versehen. Das Deckenfresko des Kleinen Wappensaales stellt eine Allegorie dar.

Auch die Kirche stand nicht abseits, sie bestellte gleichfalls Arbeiten. In großer Gunst stand Fromiller bei den Benediktinern in Ossiach. Dort durfte der inzwischen Arrivierte nicht bloß die Stiftskirche mit farbenfrohen Fresken ausstatten, sondern auch im Stiftsgebäude größere Werke schaffen. Am 9. Dezember 1760 endete das erfüllte Leben des Künstlers. Im Alter von 67 Jahren mußte er von dieser Welt Abschied nehmen.

## DAS GROSSE ABSCHIEDNEHMEN

Die zweite Hälfte des 18. Jahrhunderts brachte für Kärnten ein großes Abschiednehmen von gewohnten Einrichtungen und verschiedenen Traditionen. 1759 hatte das Bistum Bamberg seine Kärntner Besitzungen um eine Million Gulden an den Staat verkauft. Straßburg hörte auf, Residenzstädtchen des Gurker Bischofs zu sein, da dieser seinen Amtssitz 1787 in die Landeshauptstadt Klagenfurt verlegte. Kärnten hatte 1782 seine Selbständigkeit verloren und gehörte seither zum innerösterreichischen Gubernium mit dem Sitz in Graz. Es bestand aus den Herzogtümern Steiermark, Kärnten und Krain. Das Einmischen des Staates in Belange der Kirche führte zu Hofdekreten, die für viele eine Welt zusammenstürzen ließen. Eine solche Verfügung verlangte zum Beispiel die Entrümpelung der Kirchen; Votivtafeln und puppenhaft aufgemachte Statuen waren zu entfernen. Von dieser Maßnahme wurde auch die mit Stoffgewändern bekleidete Madonna der Kirche Maria Dorn in Eisenkappel betroffen. Als die Bevölkerung sah, daß der Pfarrer die Gnadenstatue durch ein anderes Marienbild ersetzt hatte, waren die Eisenkappler derart erzürnt, daß es zu offener Auflehnung gegen den Seelsorger kam. Sie erschienen vor dem Pfarrhof und begehrten die Herausgabe der Kirchenschlüssel und der entfernten Gegenstände, unter denen sich auch Opfertafeln befanden. Als die Menge feststellen mußte, daß der Priester nicht gewillt war, ihrem Verlangen nachzukommen, setzten sie sich gewaltsam in den Besitz der Schlüssel und stellten in

der Kirche den alten Zustand wieder her. Die staatlichen Stellen waren allerdings nicht gewillt, ein Auge zuzudrücken: zwei Tage nach dem Weihnachtsfest 1787 wurden Marktvorsteher und Kirchenausschuß zum Kreissekretär nach Klagenfurt zitiert. Doch auch das Kreisamt vermochte gegen die Starrheit nichts auszurichten. Um vor Überraschungen gefeit zu sein, bewachten die Bürger Tag und Nacht die Marienstatue. Nichtsdestoweniger mußten die Kirchenbesucher am Neujahrstag feststellen, daß während der Silvesternacht die Statue gegen eine andere ausgetauscht worden war. Die Kunde hievon verbreitete sich wie ein Lauffeuer im Markt, und alsbald rotteten sich die Eisenkappler zusammen; Frauen drangen in ein Gastlokal ein und kühlten ihre Wut an einem bekannten Gotteslästerer, indem sie ihn windelweich schlugen. Nach dieser Ausschreitung verfügte das Kreisamt die Sperre des Gotteshauses, aber die

*Seite 46: Die idyllisch gelegene barocke Wallfahrtskirche Mariahilf ob Guttaring*

*Ein Ausschnitt der dreigeschossigen und aus sechs Fensterachsen bestehenden Fassade des repräsentativen Rathauses der Stadt St. Veit an der Glan. Die Stuckarbeit stammt aus dem Jahre 1754*

Gemeinde gab die Kirchenschlüssel nicht heraus. Selbst eine Kommission unter Assistenz von 20 Soldaten konnte die Leute nicht umstimmen. Eines Abends gaben die Eisenkappler dann überraschend die Schlüssel freiwillig heraus, es war, als ahnten sie, daß sich der Kommissär ihrer nicht lange würde erfreuen können; am anderen Morgen brach nämlich im Markt Feuer aus. Nur ein Teil der Bevölkerung widmete sich der Brandbekämpfung, während der andere auf die Ausfolgung der Kirchenschlüssel drang, um Maria Dorn schützen zu können. Als der Kommissär das Begehren als unbegründet zurückwies, da für die sakrale Anlage keinerlei Brandgefahr bestand, drohte man, ihn zu lynchen. Um Tätlichkeiten zu vermeiden, gab der Beamte schließlich nach und folgte die Schlüssel aus. Zum Nachgeben gezwungen wurde dann auch das Kreisamt. Dieses ließ die Sache auf sich beruhen, als eine weitere Kommission unverrichteter Dinge abziehen hatte müssen.

Opfer der josephinischen Reformen wurden neben den Eremiten, die ihre frei gewählte Lebensweise aufgeben mußten, alle beschaulichen Orden und die verschuldeten Klöster. Diese Klosteraufhebungen kamen freilich nicht ganz unmotiviert, denn es hatten sich mancherorts Dinge eingebürgert, die einem Konvent nicht gut anstanden.

Nicht einmal auf das älteste Stift des Landes wurde Rücksicht genommen. Zunächst war die Zahl der Benediktinerinnen in St. Georgen am Längsee auf zehn Chorfrauen und fünf Laienschwestern zu reduzieren, und 1783 wurde der Konvent schließlich aufgehoben. Eine Stiftung, die auf das ehrwürdige Alter von 775 Jahren verweisen konnte, wurde einfach ausradiert. Der Konfiskation durch den Staat verfiel damals auch das Zisterzienserstift Viktring, das in der ersten Hälfte des 18. Jahrhunderts noch im großen Stil umgebaut worden war. Obwohl die Mönchsniederlassung 1763 nachweislich schuldenfrei war, mußte sie 1786 geschlossen werden. Der Buchstabe des Gesetzes war unerbittlich, er nahm keine Rücksicht auf Geschichte und Kultur, die weißgekleideten Mönche mit dem schwarzen Skapulier mußten Viktring verlassen. Die Besitzungen des Stiftes repräsentierten einen Wert von 485.000 Gulden. Das Prämonstratenserstift Griffen schloß seine Pforten gezwungenermaßen im selben Jahr. Das gleiche Los war den Benediktinern zu Arnoldstein, Ossiach und St. Paul im Lavanttal beschieden. Der Jesuitenorden war schon ein Jahrzehnt früher aufgehoben worden.

## DIE NAPOLEONISCHEN KRIEGE

Abschied nehmen mußten die Kärntner gegen Ende des 18. Jahrhunderts nicht zuletzt vom Frieden, der Jahrhunderte hindurch angedauert hatte. Die Jahre zwischen dem Ausbruch des Ersten

*Seite 49: Das ehemalige Seestift der Benediktiner in Ossiach am Südufer des Ossiacher Sees*

Koalitionskrieges 1792 und dem Sturz Napoleons 1813 waren im Herzogtum Kärnten durch erhöhte Steuern, Aushebung von Soldaten, Erschwernisse des wirtschaftlichen Lebens, Truppendurchmärsche von Freund und Feind, Besetzungen und Kriegssteuern gekennzeichnet. Das Land lag zwar abseits der großen Kriegsschauplätze, bekam aber dennoch Waffenlärm zu hören und feindliches Militär zu spüren. Die erste bedrohliche Lage entstand im Frühjahr 1797, als der junge Bonaparte Mantua bezwungen hatte und gegen Kärnten vorrückte. Die Franzosen überrollten die schwachen Einheiten der Österreicher und drängten sie zurück ins Landesinnere. Erzherzog Johann musterte in Klagenfurt zwar noch einmal die verfügbaren Streitkräfte, gelangte aber zur Erkenntnis, daß mit ihnen an einen ernsthaften Widerstand nicht zu denken war; er setzte sich daher gegen Friesach und die Obersteiermark ab. Lediglich kleinere Truppenteile blieben zurück, um ein allzu rasches Vordringen des Feindes zu verhindern. Zwischen Krumpendorf und Klagenfurt kam es zu einem nicht nennenswerten Gefecht. Viele Klagenfurter verfolgten von den Wällen aus die Vorgänge. Ein Teil des Adels und die Spitzen der Verwaltung hatten noch vor Anrücken der Franzosen unter Mitnahme der kostbarsten Habseligkeiten das Weite gesucht. Die Klagenfurter erfuhren auf drastische Weise bereits in der ersten Nacht, was es hieß, eine besetzte Stadt zu sein. Um Mitternacht wurden die Bürger aus den Betten geholt, und unter wüsten Drohungen erging der Befehl, bis zum Morgen für das Militär das nötige Brot zu backen. Da schon in Leoben der Vorfrieden geschlossen wurde, war der Spuk der ersten Besetzung Kärntens bald zu Ende. Noch vor Beginn des Sommers verließen die Franzosen das Land.

In den darauffolgenden Jahren hatte Kärnten mehrmals für durchziehende Truppenteile aufzukommen. 1799 sah die Bevölkerung russische Einheiten, die das mit Österreich verbündete Zarenreich entsandt hatte.

Als die Lage abermals kritisch wurde, hieß es auch in Kärnten, Freiwillige mögen sich melden. 3369 Kärntner erklärten sich spontan zur Verteidigung des Vaterlandes bereit, gelangten aber nicht zum Einsatz, da am Christtag 1800 wieder einmal ein Waffenstillstand zustande kam. Für Kärnten erfolgte diese Vereinbarung gerade noch rechtzeitig, denn die französische Invasion hatte schon begonnen – im Liesertal, im Mölltal und im oberen Drautal standen bereits die Franzosen. Eine Folge dieses Waffenganges war die, daß Salzburg im Wege von Gebietsabtrennungen und Grenzveränderungen 1803 zu Österreich kam und auch in Kärnten die erzbischöflichen Besitzungen in Staatsgüter umgewandelt wurden.

Ein Kriegsjahr war weiters 1805. Ende November geriet das Land in die Gewalt der Franzosen. Wieder mußte sich die verarmte Bevölkerung Erpressungen und Exekutionen gefallen lassen. Und von einem Krieg zum andern verschoben sich die Reichsgrenzen zuungunsten Österreichs. Kärnten rückte an den Rand des Reiches, drohte Grenzland zu werden. Der Preßburger Frieden, der die kriegerischen

Auseinandersetzungen von 1805 beendete, machte diese Befürchtung schließlich wahr, da Tirol Bayern zugesprochen wurde.

Es sollte freilich noch ärger kommen. Der Becher mit Galle war keineswegs schon geleert. 1809 wurde das Unglücksjahr schlechthin. Voll Begeisterung zogen zu Ostern die Kaiserlichen, unter ihnen fünf Kärntner Landwehrbataillone, in den Krieg. Zu Pfingsten war alles verloren! Klagenfurts Bürger verbrachten die Feiertage in gedrückter Stimmung: Es regnete in Strömen, und durch die Gassen der Stadt bewegten sich die Truppen des Korsen. Dieser Einmarsch war der Beginn einer feindlichen Besetzung, die länger als ein halbes Jahr dauern sollte. Wenige Wochen später waren die Klagenfurter gänzlich aus dem Häuschen – die Stadt war zur Festung erklärt worden und wurde zusätzlich armiert. Erdaufschüttungen, Barrikaden und Palisaden veränderten das Bild. Im Herbst wurden auf dem Wall stehende Gebäude demoliert und alle jene Objekte dem Erdboden gleichgemacht, die innerhalb eines 25-Klafter-Gürtels rund um die Festungswerke lagen. Der Bereich vor dem Wassergraben wurde Glacis, die Einebungstrupps zerstörten 122 Objekte. Das war allerdings nur der Anfang vom Ende: Bevor die Franzosen aufgrund des Friedensschlusses abzogen, sprengten sie während der Weihnachtsfeiertage 1809 die Wälle und Basteien.

Einen noch härteren Schicksalsschlag als die Stadt Klagenfurt mußte das Land hinnehmen, denn die westliche Hälfte Kärntens wurde von Österreich abgetrennt und den Illyrischen Provinzen eingegliedert. Die Handelsstadt Villach war plötzlich nicht mehr österreichisch, sondern französisch.

Österreich lag am Boden. Es schien, als könnte es sich nicht mehr erheben. Aber das unmöglich Scheinende wurde möglich! Schon 1813 griffen die Kaiserlichen erneut zu den Waffen, um Napoleon abzuschütteln. Und endlich war ihnen das Glück hold – sie erfochten den Sieg. In Kärnten vermochten sich die napoleonischen Truppen nicht lange zu halten. Bei den kurzen Kämpfen ging Villach jedoch in Flammen auf. Der Frieden von 1815 schuf dann auch auf der Landkarte wieder Ordnung. Kärnten war wieder ein Land. Oberkärnten war heimgekehrt ins Reich, in dem freilich Not und Elend herrschten.

## DIE BESTEIGUNG DES GROSSGLOCKNERS

Das Leben ging trotz Geldentwertungen, Seuchen und Hungersnöten weiter. Gegen Ende des 18. Jahrhunderts begann sich ein größerer Personenkreis für die Schönheiten der Hochgebirgswelt zu interessieren und Bergfahrten zu veranstalten. Wohl waren schon zu Beginn der Neuzeit einige Berggipfel erstiegen worden, doch die Lust am Vordringen in die Region des ewigen Eises war dann wieder erlahmt. Der Mensch von damals fand noch keine rechte Beziehung zum bizarren Reich der Steinriesen, im

Gegenteil, eine gewisse Scheu vor den Dämonen des Gebirges hielt die Gipfelstürmer von waghalsigen Unternehmungen ab. Doch auf einmal entdeckten viele ihre große Liebe zur Hochgebirgstouristik. Das Verlangen, unerstiegene Berge zu bezwingen, steigerte sich zu einer Leidenschaft. In der Tat mehrten sich innerhalb weniger Jahrzehnte die Nachrichten über Erstbesteigungen. Österreichs höchsten Berg, den 3798 m hohen Großglockner, hatte sich der Gurker Bischof Salm zum Ziel gesetzt. 1799 rückte er dem Gipfel mit einer 30köpfigen Seilschaft zu Leibe, scheiterte allerdings. Im Jahr darauf glückte das Wagnis, aber der Bischof war nicht dabei. Der Alpinismus brachte in der Folge Jahr für Jahr Touristen nach Heiligenblut, die den Berg wenigstens sehen wollten. Andere stürmten auch den Gipfel. Die Malerei fand

*Nicht jeder, der in die Berge geht, kehrt auch lebend wieder ins Tal zurück: Davon kündet das metallene Gedenkbuch für die im Glocknergebiet tödlich verunglückten Bergsteiger im Ortsfriedhof von Heiligenblut*

desgleichen in zunehmendem Maße Gefallen an hochalpinen Motiven. In Kärnten war es Markus Pernhart, der seine Leidenschaft für die Bergwelt entdeckte. Um seinen Traum von einer monumentalen Glockner-Rundschau zu verwirklichen, brach der Künstler 1857 – er stand damals im Alter von 33 Jahren – nach Heiligenblut auf. Am 14. September stand der Maler auf dem Gipfel, zehn Tage später ein zweites Mal. 1858 und 1859 folgten weitere sieben Besteigungen durch Pernhart. Am 3. September 1858 skizzierte der Maler vier Stunden lang auf der Spitze des Berges. Das große Glocknerpanorama in Öl, fertiggestellt 1860, ist 17 m lang und 2,5 m hoch und befindet sich heute im Heimatmuseum der Bezirksstadt Spittal an der Drau.

*Um der Ausbreitung des Protestantismus zu begegnen, wurde unter Kaiserin Maria Theresia in Zedlitzdorf ein kleines Kloster gegründet, das allerdings zwei Menschenalter später schon wieder verwaist war*

## DAS KÄRNTNER HEIMATLIED

Auch sonst ereigneten sich Dinge, die Erwähnung und Würdigung verdienen. Ins Jahr 1811 fiel die Gründung der Zeitschrift „Carinthia". Sie erscheint noch jedes Jahr und kann für sich inzwischen in Anspruch nehmen, die älteste bestehende Zeitschrift Österreichs zu sein. Ursprünglich war die „Carinthia" ein Wochenblatt „zum Nutzen und Vergnügen" und der „Klagenfurter Zeitung" beigelegt, später lautete der Untertitel der periodischen Schrift „Für Vaterlandskunde, Belehrung und Unterhaltung". Seit 1891 verbirgt sich hinter der „Carinthia" eine wissenschaftliche Publikation, wobei sich die Ausgabe I der Geschichte und der Volkskunde verpflichtet fühlt, indes die Ausgabe II naturwissenschaftlichen Beiträgen vorbehalten bleibt.

Ein anderes Jahr, das in der Chronik verzeichnet ist, war 1835. Damals entstand auf Schloß Waldenstein die Melodie des Kärntner Heimatliedes, das von der Bevölkerung mit Stolz und Rührung gesungen wird. Der Schloßherr hatte eines Tages Gäste, unter denen sich der musisch begabte Josef Ritter von Rainer befand. Der wurde im Verlauf des Abends von der Gesellschaft bestürmt, ein Gedicht zu vertonen. Der edle Harbacher tat ihr den Gefallen und entschied sich nach längerem Überlegen und Suchen für das in der „Carinthia", Jahrgang 1817, abgedruckte Gedicht „Dort, wo Tirol an Salzburg grenzt", das Johann Ritter von Gallenstein zum Verfasser hatte. 1835 bestand es aus drei Strophen, die vierte, die den Abwehrkampf 1918–1920 besingt, stammt von Maria Millonig und kam 1929 hinzu.

Ein weiteres kulturhistorisch interessantes Datum ist der 8. August 1845. An jenem Sommertag erblickte in Viktring Thomas Koschat das Licht der Welt, ein Mann, der sich als Liederkomponist einen Namen machte. Sein „Verloss'n" blieb unvergessen.

## NIEDERGANG DER EISENINDUSTRIE

In Feldkirchen entdeckten die Bürger ihre Liebe zum Biedermeier. Sie verschönerten die Häuser, gaben den Fassaden künstlerischen Schmuck. Noch heute prägen die Ergebnisse dieser Ambition das Bild des Stadtkerns.

Das finanzielle Rückgrat der Bürger von Feldkirchen und Umgebung war eine blühende Kleinindustrie entlang der wasserreichen Tiebel. Joseph Wagner schreibt 1845 in seinem topographischen Werk „Album für Kärnten" über diesen Wasserlauf: „Kein wohltuenderes Geschenk hätte der Präkowaberg den Bewohnern dieser Gegend machen können, als diesen Bach, ohne den sie ein wenig bekanntes Alpental geblieben wäre, während jetzt die Adressen der hiesigen Fabrikshäuser in den Schreibstuben der

Großhandlungen von Triest, Florenz, Rom, Neapel, Palermo usw. liegen und Handelsreisende aus den fernsten Gegenden die Bezirksstraßen von Feldkirchen befahren, um mit den hiesigen Fabrikanten Geschäfte anzuknüpfen."

Im Produktionsprogramm standen an vorderster Stelle Sensen, Sicheln und Strohmesser. 1851 belief sich die Jahreserzeugung der Werke zwischen Himmelberg und Feldkirchen auf 251.000 Stück, wovon der größte Teil exportiert wurde. Dieser Hochkonjunktur der eisenverarbeitenden Betriebe folgte in der zweiten Hälfte des 19. Jahrhunderts in ganz Kärnten ein Niedergang ohnegleichen. Die Industrialisierung und die Entstehung großer Fabriken außerhalb der Landesgrenzen verminderten die Wettbewerbsfähigkeit und versetzten den Familienbetrieben den Todesstoß. Sogar leistungsfähige Werke vermochten sich nicht länger zu behaupten und mußten schließen. 1879 wurde zum Beispiel das Schienen- und Walzwerk in Frantschach stillgelegt.

An die glorreiche Zeit der Eisenindustrie erinnern in Kärnten noch da und dort Fabriksruinen oder von der Spitzhacke verschonte Anlagen. Wer durch St. Gertraud kommt, der gewahrt am Ufer der Lavant einen Hochofen, der 1882 ausgeblasen wurde. Andere aufgelassene Öfen stehen in Eisentratten und Hirt. In den Gräben bei Hüttenberg ist einem, als betrete man ein Märchenland, das von seinen Bewohnern rätselhafterweise verlassen wurde. Die Schornsteine sind tot, das Wasser kümmert sich längst nicht mehr um die Werksanlagen, die am Ufer stehen, die Fensterscheiben sind eingeschlagen, der Arbeitslärm ist einer lähmenden Stille gewichen.

## BAU DER EISENBAHNLINIEN

Das technische Zeitalter, das im Kommen war, hatte natürlich auch seine guten Seiten. So löste die Eisenbahn die Postkutsche ab. 1863 konnte der Reisende erstmals auf dem Schienenweg nach Kärnten gelangen. Zwischen Marburg und Klagenfurt waren dem Dampfroß die Wege geebnet worden. Im Jahr darauf drang die Lokomotive bis Villach vor. „Vorüber sind die Zeiten", schrieb eine Zeitung anläßlich der Eröffnung der Teilstrecke, „da die Touristen wie Geschäftsleute zwischen Klagenfurt und Villach fünf endlose Stunden unterwegs waren und die Strecke in knarrenden Wagen hinter sich brachten. Vorbei ist das Hügelab, Hügelauf! Schluß ist's mit der Langeweile im holpernden Post- oder Stellwagen!"

Das Schienennetz wuchs unablässig. 1868 wurde die Strecke Leoben–Feldkirchen–Villach in Betrieb genommen, 1871 konnte man per Bahn von Villach nach Franzensfeste gelangen, 1873 war die

*Seiten 56 und 57: Der Turrachsee und der Turnersee*

Linie Villach–Tarvis fertiggestellt und 1879 erfolgte der Anschluß des unteren Lavanttales an das Eisenbahnnetz der Monarchie. Im Jahre 1900 wurde die Schienenstrecke Unterdrauburg–Wolfsberg bis Zeltweg verlängert. 1909 konnte die Tauernbahn den Betrieb aufnehmen. In der Zeit vor und nach der Jahrhundertwende entstanden überdies mehrere Kleinbahnen.

## DIE KLAGENFURTER FEUERWEHR

Die Brandbekämpfung zeigte Fortschritte durch neue Löschgeräte, die endlich in der Lage waren, einen kräftigen Wasserstrahl zu entwickeln. Das Feuerwehrwesen fand im Klagenfurter Drahtgitterstricker Ferdinand Jergitsch einen Pionier, der in Österreich neue Wege wies. Vom Leipziger Turnfest des Jahres 1864 heimgekehrt, ging er – noch ganz unter dem Eindruck der Schauübungen, die von Feuerwehren veranstaltet worden waren – an den Aufbau einer schlagkräftigen Wehr in Klagenfurt. Er sah sich nach Gleichgesinnten um und gründete eine freiwillige Truppe. Von Metz in Heidelberg wurde eine moderne Spritze bestellt, ein kleines Wunder, was ihre Leistung anlangte. Früher geschah es nur zu oft, daß von den an einem Brandplatz erschienenen Spritzen die meisten wegen verschiedener Defekte nicht zum Einsatz gelangen konnten.

Die Freiwillige Feuerwehr von Klagenfurt zog alsbald das Interesse auf sich, und in anderen Städten der Monarchie fand diese Privatinitiative begeisterte Nachahmung. Die beispielgebende Tatkraft des Drahtgitterstrickers erfuhr schon 1869 eine großartige Würdigung, als der Österreichisch-ungarische Feuerwehrtag in der Kärntner Landeshauptstadt abgehalten wurde. 800 Feuerwehrleute trafen sich damals in Klagenfurt.

Zu tun gab es für die Feuerwehren zu jener Zeit viel. Und jedes Ausrücken war ein dramatischer Wettlauf mit dem roten Hahn. Wie solch ein Einsatz oft erst nach Verzögerungen zustande kam, das unterstreicht ein Bericht über den Großbrand vom 11. Juli 1871 in Moosburg. „Am Donnerstagnachmittag" – schrieben die „Freien Stimmen" – „traf ein Telegramm in Klagenfurt ein, das meldete: ‚Moosburg steht in Flammen und fleht um Hilfe.' Der Feuerwehrhauptmann traf sogleich Anstalten, den fürs flache Land bestimmten Löschtrain abgehen zu lassen. Dieser besteht aus einem Mannschaftswagen, der zwölf Feuerwehrmänner und eine Metz'sche Stadtspritze mit den nötigen Schläuchen, Eimern und Leitern transportiert. Mehr als eine halbe Stunde ging freilich mit dem vergeblichen Auftreiben von Pferden verloren, bis auf Veranlassung des Landeshauptmannes der Fiaker Baumgartner einen Viererzug beistellte, der den Löschtrain in nicht ganz eineinhalb Stunden zum Einsatzort brachte. Gleich außer Klagenfurt sah man eine ausgedehnte Rauchwolke, die sich über Moosburg erhob. Trotz der intensiven Tageshelle waren die hoch am Himmel schwebenden Wolken rot gefärbt. Das veranlaßte die tüchtigen Feuerwehrmänner, bei jeder Steigung des Weges abzuspringen und im Dauerlauf neben dem Wagen herzurennen."

Übrigens bediente sich die Freiwillige Feuerwehr damals auch der Eisenbahn. Als 1881 in Velden eine Feuersbrunst wütete, trafen die Helfer aus Klagenfurt mit dem nächsten Zug am Brandplatz ein.

## DER FREMDENVERKEHR

In der ersten Hälfte des 19. Jahrhunderts waren manche Kärntner noch der Meinung, die Zukunft läge in der Auswertung der lokalen Heilquellen. Doch Kärnten wurde kein Bäderland, obwohl man sich redlich Mühe um die Kuranstalten gab. In Preblau unternahmen die Landstände den Versuch, ein Heilbad zu etablieren. Sie ließen Projekte erstellen, schickten wiederholt Kommissionen ins obere Lavanttal und pumpten von 1804 bis 1817 insgesamt 23.000 Gulden in das Unternehmen, ohne daß sich jedoch sichtbare Fortschritte gezeigt hätten. Deshalb erfloß 1820 eine kaiserliche Entschließung, welche die weitere Verwendung öffentlicher Mittel in Preblau untersagte. Der Kurbetrieb nahm nicht die gewünschte Entwicklung, und erst nach vielen Enttäuschungen zeichnete sich ein gangbarer Weg ab: Die Verantwortlichen verlegten sich mit Erfolg auf die Versendung des Sauerbrunnens als Tafelwasser. 1872 betrug der Ausstoß bereits 200.000 Flaschen. Die Menschen kamen nicht zum Sauerbrunnen, das Mineralwasser kam vielmehr zu ihnen.

Im Alpenbad St. Leonhard ob Himmelberg, das sich jenen empfahl, die an Schlagfluß, Gicht, Rheuma und Unterleibsbeschwerden litten, hatte der Besitzer in den sechziger Jahren des vorigen Jahrhunderts Zubauten errichten lassen und für besseren Komfort gesorgt. In den langgestreckten Unterkunftshäusern fanden bis zu 80 Kurgäste Platz. Auch hier erfüllten sich die Hoffnungen des Initiators nicht.

Voll Zuversicht war auch der Besitzer des Bades Vellach bei Eisenkappel, der 1824 einen Kurbetrieb eröffnet hatte. Er erbaute ein Badehäuschen, eine Pension, Stallungen und Remisen. 1862 war ein Gebäude sogar aufgestockt worden, wodurch sich die Anzahl der „Wohnzimmer" auf 32 erhöhte. Das primitive Badehaus bestand aus acht Kammern mit zehn Wannen, in denen der eingepumpte Säuerling mittels glühender Stahlklumpen erhitzt wurde. Auch dieser rührige Badewirt mußte schließlich einsehen, daß ein Gesundbrunnen keine Zukunft hatte.

Das Barbarabad in St. Salvator bei Friesach, welches Brustleidenden, Nervenkranken und Bleichsüchtigen Hilfe versprach, kam ebensowenig in Mode wie das kleine Bauernheilbad in Kleinkirchheim. Keine hochfliegenden Pläne verfolgte das Karlbad am Südhang des Königstuhls. Es wurde

vorwiegend von der bäuerlichen Bevölkerung aufgesucht. Zum Zwecke der Kur stiegen die Leidenden in ausgehöhlte Lärchenstämme, nachdem das Badewasser zuvor mit heißen Steinen temperiert worden war.

Gut voran ging es in Warmbad Villach. Die Einrichtungen des Thermalbades waren 1848 ausgebaut und modernisiert worden. Das kleine Hotel verfügte über einen geräumigen Speisesaal, einen Konversationssalon und eine Kapelle. Das Gebäude bot 90 Gästen Unterkunft.

Der Fremdenverkehr schlug dann eine andere Richtung ein. Die Touristen begannen Kärnten als Land der Seen, Berge und Wälder zu entdecken. Nach seiner verkehrsmäßigen Erschließung durch die Eisenbahn zeigten sich an den Ufern des Wörther Sees, des Millstätter Sees und des Ossiacher Sees von Sommer zu Sommer mehr Gäste.

Zur beliebtesten Sommerfrische am Wörther See entwickelte sich das am sonnigen Nordufer gelegene Pörtschach. Bevor die Fremden kamen, verbrachten Klagenfurter Familien hier vielfach den Sommer. Die Miete für Schloß Leonstain betrug für die ganze Saison 80 Gulden. Wollten die Gäste auf frisches Fleisch nicht verzichten, mußten sie es aus der Landeshauptstadt kommen lassen. Das hatte keinerlei Schwierigkeiten, denn seit 1853 verkehrte auf dem See das Dampfschiff „Maria Wörth", das auf seinen täglichen Fahrten auch Pörtschach anlief. Da das nächste Gasthaus vom Landungssteg ein Stück entfernt lag, wurde die Bierbestellung noch weit draußen auf dem See mittels Schiffssirene getätigt. Zwischen dem Ufer und der Reichsstraße lagen in den sechziger Jahren des 19. Jahrhunderts fast nur Ackerland und Wiesengrund. Bis zum Bau der Bahnlinie Marburg–Klagenfurt–Villach interessierte sich niemand für den Uferstreifen und die romantische Landzunge von Pörtschach. Doch mit der Eröffnung des Schienenweges änderte sich manches. Vermögende Leute begannen Strandparzellen zu kaufen und Villen zu bauen. Die große Sensation der siebziger Jahre war der Verkauf eines breiten Geländestreifens um den Preis von 5000 Gulden. Die Käufer hatten mit Pörtschach Großes vor und wollten es zu einem mondänen Kurort machen. Freilich mangelte es an Erfahrung, vieles gelang nicht auf Anhieb. So gediehen die Parkanlagen nicht, weil der sandige Boden zu wenig Nährstoffe enthielt und das Regenwasser zu rasch versickerte. Als die Gäste die kümmerlichen Sträucher und Blumen sahen, sprengten sie das Gerücht aus, in Pörtschach sei es sehr heiß und es gäbe nichts, was Schatten spenden würde. Dazu ist zu vermerken, daß die Besitzer in der Nähe der bewaldeten Landzunge drei Villen hatten errichten lassen, während das Restaurant an der Hauptstraße lag. Das Restaurant war zudem eine Fehlplanung. Es handelte sich um den Pavillon der Liesinger Brauerei auf der Wiener Weltausstellung von 1873. Der „heiße Holzkasten" bot keine

*Seite 60: Der attraktive Kurort und Wintersportplatz Bad Kleinkirchheim in den Nockbergen mit seiner faszinierenden Landschaft*

Annehmlichkeiten und eignete sich nicht für Veranstaltungen und Tanzunterhaltungen. Ab 1877 hatte die Sommerfrische Pörtschach am Wörther See schon einen Kurarzt. Ein Wiener Fabrikant sorgte dafür, daß die Ortschaft elektrisches Licht bekam. Langsam wurde das kleine Ferienparadies zu dem, was es heute ist. Ähnlich verlief die Entwicklung des Kurortes Velden in der Westbucht des Wörther Sees.

Die dritte Ortschaft des Nordufers, das Fischerdorf Krumpendorf, lag noch längere Zeit im Vorfeld des Fremdenverkehrs. Die Krumpendorfer ließen sich jedoch nicht entmutigen und waren bestrebt, dem Reiz der Natur auch eine bequeme Unterkunft und andere Fremdenverkehrseinrichtungen an die Seite zu stellen. Nach und nach entstanden auch hier Villen, Etablissements, Strandbäder und Restaurants. Die ersten Sommerfrischler Krumpendorfs stiegen beim Simonwirt ab, dem jetzigen Krumpendorfer Hof. Zu den Pionieren zählte auch Pauline Markuzzi, die schon 1869 am Drasinger Teich eine Badebrücke und eine Kabine, einen Tennisplatz und eine kleine Parkanlage errichten ließ. In den Jahren 1870 und 1871 kam es zum Neubau des Meiereigebäudes, in dessen erstem Stock sechs Gästezimmer eingerichtet wurden. In der Meierei Drasing nahmen schon 1872 16 Familien aus Wien, Graz und Klagenfurt Aufenthalt. Seinen Anteil an der Hebung des Fremdenverkehrs hatte weiters der Besitzer des Krumpendorfer Schlosses, Josef Pamperl, der in den neunziger Jahren des vorigen Jahrhunderts in mehreren Objekten 25 Zimmer zu Gästeunterkünften adaptierte. Beim Pamperl gab es überdies einen eigenen Badestrand, ein Restaurant, Lese- und Spielsalon, Tanzsaal und Kegelbahn. Andere Häuser, die sich in den Dienst des Sommerfrischlers stellten, waren die historischen Gasthäuser Koch und Jerolitsch.

Die Generalität machte mit Vorliebe in Krumpendorf Urlaub. Ein Krumpendorfer, der sich der Mühe unterzog, die Admiräle, Obersten und Feldmarschalleutnants aus den Fremdenlisten herauszuschreiben, kam auf fünf Dutzend. Unter den illustren Namen scheint Franz Conrad von Hötzendorf auf, der zwischen 1906 und 1917 Chef des österreichischen Generalstabes war und 1925 im Alter von 72 Jahren starb.

## DER WÖRTHER SEE UND DIE KOMPONISTEN

Recht wohl fühlten sich am Wörther See die Komponisten. 1877 hielt sich Johannes Brahms zum erstenmal in Pörtschach auf. 1878 kam er wieder. Wohnte er im ersten Jahr im Schloß Leonstain, nahm er im zweiten direkt am See Quartier. Der gebürtige Hamburger stand 1878 im Alter von 45 Jahren. Die Wochen in Pörtschach erwiesen sich jedesmal als fruchtbar für sein Schaffen. „Der Wörther See ist ein jungfräulicher Boden", sagte der Meister, „da fliegen die Melodien, daß man sich hüten muß, keine zu treten." 1879 fand sich Johannes Brahms ein drittes Mal in Pörtschach am Wörther See ein.

Gustav Mahler und Alban Berg bevorzugten das Südufer des Sees. Mahler hatte sein Domizil in Sekirn, wo er sich 1900 angekauft hatte. Im Wald südlich der Uferstraße besaß er ein Komponierhäuschen. Sowohl sein Haus am See als auch dieses Komponierhäuschen existieren noch. Um das Komponierhäuschen wuchs unterdessen junger Wald zu einem undurchdringlichen Dickicht heran. Den Weg dorthin kann keiner verfehlen, wenn er sich in Höhe der Villa Sekirn 31 in den Wald schlägt und einem Serpentinenpfad folgt, der ihn zur einstigen Waldlichtung bringt. Diesen Pfad ging der Komponist in den Sommern 1900 bis 1907 oft und oft. Bisweilen verzichtete Mahler sogar auf die Mahlzeiten in der Villa am See und ließ sich das Essen in das Waldhäuschen nachbringen. Er war so gefesselt von seiner Arbeit, die bei weit offenstehenden Fenstern, bei Vogelsang und Waldesrauschen getan wurde. Schweren Herzens sah er Jahr für Jahr die in so idealer Zurückgezogenheit verbrachten Wochen schwinden. Wie ungern Mahler von diesen arbeitsreichen Tagen Abschied nahm, das zeigt ein Brief von 1901. „Zu wissen", bedauerte der Schaffensfreudige, „daß man wieder ein Jahr warten muß, ist traurig." Das Komponieren ging Mahler am Südufer des Wörther Sees gut von der Hand. Schon im ersten Jahr, also im Sommer 1900, stellte der damals Vierzigjährige fest: „Diesmal ist es auch der Wald mit seinen Wundern und seinem Grauen, der mich bestimmt und in meine Tonwelt hineinwebt. Ich sehe immer mehr: man komponiert nicht, man wird komponiert." Bis 1908 kehrte Gustav Mahler regelmäßig wieder, und er wäre dem Kärntner Domizil gewiß bis zu seinem Tod – der Komponist starb 50jährig 1911 – treu geblieben, hätte nicht im Juli 1907 der Sensenmann ihm das nicht einmal fünfjährige Töchterchen Maria Anna hier entrissen. Der Kummer über den Verlust seines Kindes ließ den Komponisten fortan die zuvor so geliebte Stätte am Wörther See beharrlich meiden.

Alban Bergs Tuskulum lag in Auen bei Velden, wo er 1932 Haus und Grund erworben hatte. In seinem „Waldhaus am See" verbrachte der Meister von 1932 bis zu seinem Tod 1935 in Wien den größten Teil des Jahres. Beschränkte sich Bergs Aufenthalt in Kärnten, von dessen Landschaft er sich magisch angezogen fühlte, in der Regel auf Frühling, Sommer und Herbst, verbrachte er von 1933 auf 1934 auch den Winter am Wörther See. Das „Dem Andenken eines Engels" gewidmete Violinkonzert entstand 1935 in Auen, wenige Monate bevor der erst Fünfzigjährige an den Folgen einer Vergiftung, die er sich durch einen harmlos scheinenden Insektenstich zuzog, hinweggerafft wurde.

## DER ERSTE WELTKRIEG

Durch den Ersten Weltkrieg erlitt der Fremdenverkehr in Kärnten einen gewaltigen Rückschlag. Das Lesachtal und die Gegend von Kötschach-Mauthen waren zwischen 1914 und 1918 zum Teil sogar unmittelbares Kriegsgebiet. In den Karnischen Alpen, welche die Grenze gegen Italien bildeten, wurde erbittert gekämpft. Schon einen Tag nach dem Kriegseintritt Italiens erfolgte am 24. Mai 1915 der erste Angriff auf die österreichischen Linien, dabei fielen der Kleine und der Große Pal in Feindeshand. Aber schon am 23. Juni gelang sechs Kärntnern ein Bravourstück sondergleichen – sie besetzten den Cellon-Ostgipfel. Einen Monat hernach befand sich auch der Westgipfel in österreichischer Hand. Worum ging

*Das Wörther-See-Mandl in der Fußgängerzone von Klagenfurt. Die gedrungene Bronzefigur von Heinz Goll aus dem Jahre 1962 erinnert an die Sage von der Entstehung des Wörther Sees: Ein Moralist erschien eines Tages in einer kleinen Stadt und rief die etwas liederlich gewordenen Bürger zur Umkehr auf. Als seine Ermahnungen und Drohungen, daß die Stadt sonst untergehen müßte, nicht fruchteten, setzten langanhaltende Regengüsse den Wohnplatz für immer unter Wasser. Kinder benützen den erhobenen Zeigefinger des Wichtes gern als Handschmeichler*

es bei diesen Kämpfen? Es ging um nichts anderes als um die Sicherung der strategisch bedeutsamen Paßhöhe am Plöcken und um die Vereitelung eines italienischen Einbruches nach Kärnten. Wie sehr dem Gegner an der Verwirklichung seiner Pläne gelegen war, zeigen deutlich die Verlustziffern. In den ersten Monaten des Kampfgeschehens fielen allein im Raum südlich des Angerbachtales täglich bis zu 60 Österreicher durch Tod oder Verwundung aus. Der Winter forderte durch die vielen Lawinenabgänge zusätzlich Opfer, die oft höher waren als die durch Feindeinwirkung. Im Plöckengebiet waren beispielsweise in der ersten Märzhälfte 1916 neben 44 Gefallenen 350 Lawinentote zu beklagen. Diese Tragödie wiederholte sich auch im zweiten Hochgebirgswinter: Der weiße Tod raffte 300 Soldaten hinweg. Nach zweieinhalbjähriger Verteidigung der hochalpinen Stellungen fiel endlich im Spätherbst 1917 die Entscheidung. Im Rahmen einer österreichischen Offensive waren die italienischen Einheiten im Plöckengebiet genötigt, sich ins Hinterland abzusetzen; am Morgen des 28. Oktober konnten wieder österreichische Einheiten ihren Fuß auf den Kleinen und den Großen Pal setzen. Damit war der Krieg in den Kärntner Grenzbergen zu Ende. Die Front auf den Karnischen Alpen war übrigens der einzige Kriegsschauplatz, der das Territorium der heutigen Republik Österreich berührte.

## KÄRNTEN BLIEB UNGETEILT

Als der Waffenlärm verebbt war, mußten die Kärntner erneut zu den Waffen greifen, um ihre kleine Heimat vor dem Zugriff der Jugoslawen zu schützen, die einen Teil des Landes in ihren Nationalstaat einzugliedern versuchten. Nach der Volkszählung von 1910 sprachen damals von den 384.000 Kärntnern etwa 82.000 slowenisch. Die gemischtsprachige Bevölkerung lebte im südlichen Landesteil und war teilweise schon aus rein geographischen und wirtschaftlichen Gründen für einen Verbleib bei Österreich, trennte sie doch die Gebirgskette der Karawanken von drüben.

Als die Kärntner die Geschlossenheit ihres Raumes in Gefahr sahen, setzten sie sich mit aller Kraft für ein ungeteiltes Land ein. Aber nicht bloß die Liebe zu Kärnten, sondern auch das schockierende Vorgehen der Jugoslawen ließen die Bewohner zu den Waffen greifen. Die Kärntner waren nachgerade herausgefordert worden, als ein Major Lauritsch mit einem Trupp Soldaten Ende November 1918 im Landhaus in Klagenfurt erschien und der Landesverwaltung erklärte, er sei gekommen, um das Land bis zur Linie Hermagor–Feldkirchen–Saualpe zu besetzen; das Hauptquartier habe er in einem Hotel in der Völkermarkter Straße eingerichtet. Als dann auch noch bekannt wurde, daß sich die Jugoslawen in Völkermarkt festgesetzt hatten, ergriffen die Kärntner auf eigene Faust Gegenmaßnahmen: 200 Offiziere und Mannschaften rückten in Gefechtsordnung auf Völkermarkt vor, um die Stadt zu säubern, mußten das Unternehmen allerdings vorzeitig abbrechen, da die Landesregierung noch immer hoffte, einem blutigen Konflikt ausweichen zu können.

Die Jugoslawen nützten indes die Unentschlossenheit der Führung und rüsteten zum Marsch auf Klagenfurt. Nun fiel auch am Schreibtisch die Entscheidung: am 5. Dezember 1918 faßte die Landesversammlung gegen die Weisung der Staatsregierung in Wien den Beschluß zum bewaffneten Widerstand. Die Volkswehr (das neu formierte österreichische Heer) und die aus Bürger- und Bauernwehren hervorgegangenen Freiwilligenverbände trieben in der zweiten Dezemberhälfte die im Raum Grafenstein konzentrierten jugoslawischen Truppen zurück, in der Mehrzahl Offiziere und Soldaten der kurz zuvor aufgelösten Armee der Monarchie. Nur der Raum Völkermarkt verblieb unter der Kontrolle der Eindringlinge.

Als die Jugoslawen am 19. April 1919 einen im Jänner vereinbarten Waffenstillstand brachen, neuerlich ins Land eindrangen und auf breiter Front angriffen, wurden sie, angefangen von Lavamünd bis hinauf nach St. Jakob im Rosental, zum Stehen gebracht und schließlich bis über die Landesgrenzen zurückgeworfen. Die Freude über diesen Erfolg war jedoch kurz, denn schon am 28. Mai trat das militärische Ringen in seine dritte Phase. Starke jugoslawische Verbände überschritten die Grenze, ihr Ziel waren die Städte Villach und Klagenfurt. Angesichts einer fast zehnfachen Übermacht, setzten sich die Verteidiger ins Landesinnere ab. Die Lage war verzweifelt, und die Landesregierung verlegte ihren Sitz nach Spittal an der Drau.

Dennoch war der bisherige Einsatz von Gut und Leben nicht vergebens. Das wehrhafte Eintreten der Kärntner für ein ungeteiltes Land hatte weltweite Aufmerksamkeit hervorgerufen und die Diplomatie wesentlich beeinflußt. Eine amerikanische Delegation hatte in der ersten Märzwoche des Jahres 1919 den südlichen Landesteil bereist und in einem Bericht festgestellt, daß die Mehrheit der zweisprachigen Bevölkerung pro-österreichisch gesinnt war und für die Beibehaltung der Karawankengrenze eintrat. Deshalb beschloß die Friedenskonferenz in Paris am 12. Mai 1919, im umstrittenen Gebiet eine Volksbefragung durchzuführen. Durch Vermittlung konnte außerdem abermals ein Waffenstillstand erreicht werden. Die Waffenruhe hielt serbische Kavallerie jedoch nicht davon ab, am 6. Juni 1919 in die Kärntner Landeshauptstadt einzurücken und diese zu besetzen.

Auf Grund des Friedensvertrages vom 10. September 1919 kamen die Ortschaften Unterdrauburg, das Mießtal und die Gemeinde Seeland ohne Abstimmung zu Jugoslawien, während das Kanaltal Italien zugesprochen wurde. Der umkämpfte Landesteil an der Drau war unterdessen in zwei Zonen geteilt worden. Die größere Zone A, zu der die Orte Völkermarkt, Bleiburg, Eisenkappel, Ferlach und Rosegg

*Seite 67: Die Stadt Völkermarkt, die 1918 von Jugoslawen besetzt wurde*

gehörten, kam bis zum Volksentscheid unter jugoslawische Verwaltung, die Zone B, in deren Bereich die Landeshauptstadt lag, behielt die österreichische Verwaltung. Die Demarkationslinie zwischen den beiden Zonen lief mitten durch den Wörther See und teilte den Kurort Velden in zwei Hälften. Erst das Plebiszit sollte endgültige Klarheit über die Zukunft der beiden Zonen bringen. Erbrachte die Abstimmung in der Zone A ein für Jugoslawien günstiges Ergebnis, dann sollte auch in der Zone B, die zum Teil überhaupt nicht gemischtsprachig war, ein Urnengang stattfinden. Fiel die Entscheidung in der Zone A zugunsten Österreichs aus, konnte die Volksbefragung in der Zone B unterbleiben, und das Land behielt seine historische Grenze.

Obwohl die Jugoslawen die Zone B zu räumen hatten, dachten sie vorerst nicht an einen Abzug. Es bedurfte dringender Ermahnungen durch den Interalliierten Obersten Rat, ehe die Truppen am 31. Juli 1919 nach achtwöchiger Besetzung Klagenfurt räumten und sich hinter die Demarkationslinie zurückzogen.

Die Zone A war durch die Jugoslawen hermetisch abgeriegelt worden. Trotzdem gelang es der Kärntner Propaganda, die Landsleute jenseits der Demarkationslinie mit Nachrichten zu versorgen und sie zum Ausharren zu ermuntern. Wie trostlos die Lage war, mag daraus ersehen werden, daß die Jugoslawen in Südkärnten immer wieder behaupteten, ein Urnengang sei überhaupt nicht vorgesehen.

Doch der heißersehnte Tag kam. Es war dies der 10. Oktober 1920: 59 Prozent der Bewohner der Zone A sprachen sich mit dem grünen Stimmzettel für ein ungeteiltes Kärnten aus. Die Standfestigkeit hatte den Sieg davongetragen, Kärnten gehörte weiterhin beiden Volksgruppen. Die Jugoslawen mußten aus der besetzten Zone abziehen, die trennende Grenze fiel. Der Kampf, der 200 Tote gefordert hatte, war nicht umsonst gewesen.

## DIE LETZTEN 60 JAHRE

Mit dem Untergang des Vielvölkerstaates endete für Kärnten ein großer Abschnitt seiner Geschichte – das ehemalige Herzogtum der Habsburger und spätere Kronland der österreichisch-ungarischen Monarchie wurde ein Bundesland der Republik Österreich. Die Leiden und Freuden des jungen Staates waren auch seine Leiden und Freuden. Die Kärntner unternahmen intensive Anstrengungen, um das Land einer gesicherten Zukunft entgegenzuführen. Zwischen den beiden Kriegen erzielte beispielsweise der Straßenbau beachtliche Fortschritte. Im August 1935 konnte die Scheitelstrecke der Großglockner-Hochalpenstraße der Bestimmung übergeben werden, und im Jahr darauf erfolgte die Fertigstellung der Packer Höhenstraße. Die politischen Launen des Schicksals verhinderten allerdings eine kontinuierliche

Entwicklung, ab 1938 war Kärnten ein Gau des Dritten Reiches. Wieder einmal wuchs das Land über seine natürlichen Grenzen hinaus. Der Kreis Lienz wurde ihm angeschlossen, und nach der Besetzung Jugoslawiens durch Hitler kamen das Mießtal und Oberkrain zu Kärnten. Nach dem Sturz Mussolinis wurde dem Gauleiter von Kärnten sogar das Operationsgebiet „Adriatisches Küstenland" unterstellt. Aber unter der Sonne des „Tausendjährigen Reiches" gedieh Kärnten nicht sonderlich, und als sie unterging, legten sich gespenstische Schatten auf das Land. Die jugoslawischen Partisanen nahmen für das unmenschliche Vorgehen der Nationalsozialisten in Jugoslawien Rache an den Kärntnern, verschleppten und ermordeten deutschsprachige Familien. Und Jugoslawien erhob abermals vergebens Ansprüche auf Kärntner Gebiet.

Klagenfurt und Villach hatten unter Bombenangriffen schwer gelitten. Auf die Landeshauptstadt hatten die Bombergeschwader 1840 Tonnen Bomben abgeworfen. Vom ersten Luftangriff wurde Klagenfurt am 16. Jänner 1944 heimgesucht; fast 1000 Bomben fielen auf die Stadt und forderten unter der Bevölkerung 236 Todesopfer. Der zweite schwere Luftangriff auf Klagenfurt ereignete sich am 19. Feber 1945 um die Mittagszeit. Der Bombenteppich, der sich auf das Häusermeer herabsenkte, bestand aus über 1100 Bomben.

Nach dem Ende des Krieges galt es, die Schäden zu beseitigen und die Wirtschaft wieder in Schwung zu bringen. Wenn auch die Bombenruinen nicht innerhalb weniger Jahre Neubauten Platz machen konnten, im Juni 1947 waren die Straßen Klagenfurts vom Schutt gesäubert, 1949 nahm das Fernheizkraftwerk (das erste Österreichs) seinen Betrieb auf, und 1961 bekam Klagenfurt als erste Stadt Österreichs eine Fußgängerzone.

### KLEINES FERIENPARADIES

Und je kleiner die Zahl der englischen Besatzungssoldaten wurde, desto höher kletterte die Zahl derer, die wieder nach Kärnten kamen, um hier Urlaub zu machen. Zwischen 1960 und 1970 hat sich der Kärntner Fremdenverkehr mehr als verdreifacht. Rund anderthalb Millionen Urlauber aus aller Herren Länder geben alljährlich dem Ferienland Kärnten den Vorzug. Kärnten ist für sie Lockung und Faszination. Auf nicht einmal zehntausend Quadratkilometern Bodenfläche finden sie alles, was ihr Herz begehrt: Badeseen, Berge mit ewigem Eis, unermeßliche Wälder, eine reiche Kultur, eine sangesfreudige sowie freundliche Bevölkerung.

Kärntens Trachtenschatz kann sich sehen lassen und fand schon immer Bewunderung. Die Trachten, die zu festlichen Anlässen noch immer getragen werden, spiegeln deutsches, slawisches und romanisches Volkstum wider. Im Bild: Kinder in der schönen Lavanttaler Tracht

## ORTSVERZEICHNIS

Agoritschach 35
Arnoldstein 15, 30, 40, 48
Auen 63
Augsdorf 5
Bad Kleinkirchheim 59, 60 (Bild)
Bad St. Leonhard i. Lav. 22, 27, 29
Bad Vellach 59
Baldersdorf 8
Bleiberg 36, 66
Bleiburg 22, 38, 41, 66
Danielsberg 9
Ebenthal 45
Eberndorf 18
Eisenkappel 45, 66
Eisentratten 55
Feldkirchen 30, 54, 55
Ferlach 35, 66
Forst 5
Frauenstein 19, 28 (Bild)
Fresach an der Drau 35
Friesach 18, 22, 23, 28, 29, 38, 41, 50
Frög 5
Gerlamoos 27
Glödnitz 41
Gmünd 22, 24 (Bild)
Griffen 5, 23, 38
Griffen, Stift 18, 34, 48
Groppenstein 20 (Bild)
Gurk 15, 18, 27, 28, 38
Guttaring 41
Haimburg 28
Heiligenblut 27, 52 (Bild), 53
Hemmaberg 8, 10
Himmelberg 55
Hirt 55
Hochfeistritz 27
Hochkraig 19
Hochosterwitz 5, 38
Hollenburg 38, 39, 40
Hüttenberg 55
Karlbad 59
Karnburg 11, 14, 23
Keutschacher See 5
Klagenfurt 22, 23, 29, 30, 32, 33 (Bild), 34, 36, 38, 40, 41, 44, 45, 50, 51, 55, 58, 64 (Bild), 65, 66, 68, 69
Kötschach-Mauthen 64
Krumpendorf 62
Kulm 5
Landskron 38
Lavamünd 31, 41, 66
Liebenfels 31
Lorenziberg 38
Loschental 31
Magdalensberg 6, 7, 9, 38
Maria Gail 27
Mariahilf ob Guttaring 44, 46 (Bild)
Maria Saal 9 (Bild), 11, 26, 27, 38, 44
Maria Wörth 14
Metnitz 43 (Bild)
Millstatt 15
Moosburg 58
Mosinz 36, 41
Obervellach 20 (Bild), 44
Ossiach 15, 45, 48, 49 (Bild)
Pölling 27
Pörtschach am Wörther See 61, 62
Preblau 59
Preitenegg 40
Rechberg 30
Reichenfels 41
Reifnitz 31
Reinegg 19
Reisberg 5
Rosegg 66
St. Andrä i. Lav. 22, 38
St. Georgen am Längsee 14, 16 (Bild), 48
St. Gertraud 55
St. Jakob i. Ros. 31, 66
St. Leonhard ob Himmelberg 59
St. Paul i. Lav. 15, 17 (Bild), 18, 48
St. Peter am Bichl 13 (Bild), 15
St. Peter in Holz 6
St. Salvator bei Friesach 59
St. Veit an der Glan 22, 23, 25 (Bild), 26, 38, 41, 44, 47 (Bild)
Seeberg 30
Sekirn 63
Sirnitz 41
Sittersdorf 39
Sonnegg 38, 39
Spittal an der Drau 36, 37 (Bild), 38, 53, 66
Stallhofen 44
Stein im Drautal 19, 21, (Bild)
Straßburg 22, 38, 45
Tainach 41
Teurnia 9, 10
Thörl 27
Thürn 39
Trixener Tal 19
Turnersee 57 (Bild)
Turrach 56 (Bild)
Ulrichsberg 9, 38
Veitsberg 38
Velden 59, 62, 68
Viktring 18, 29, 44, 48, 54
Villach 18, 22, 35, 36, 38, 39, 40, 44, 51, 55, 66, 69
Virunum 8, 10
Völkermarkt 18, 22, 38, 39, 41, 65, 66, 67 (Bild)
Waisenberg 19
Waldenstein 54
Wallersberg 39
Warmbad Villach 61
Weitensfeld 29
Wolfsberg 18, 22, 35, 38, 39, 41, 58
Würmlach 6
Zedlitzdorf 53 (Bild)
Zollfeld 26, 29 (Bild)

# INHALTSVERZEICHNIS

Geheimnisvolle Vorzeit 5
Herz des norischen Königreiches 6
Sagenhaft reiche Bodenschätze 6
Verlust der Unabhängigkeit 7
Die Christianisierung 8
Slawische Landesfürsten 10
Macht geht auf deutsche Fürsten über 12
Die deutsche Oberschicht 13
Herrliche Flechtwerkmuster 14
Mönche kamen ins Land 15
Der Adel baute Burgen 19
Die Städtegrüdungen 22
Die Habsburger erhalten Kärnten 23
Land der 1000 Kirchen 27
Die Türkeneinfälle 30
Ungarische Truppen 31
Die Landstände 32
Religiöse Umwälzungen 34
Blühende Eisenindustrie 35
Kärnten auf Kupferstichen 38
Weinberge 39
Die zwei großen Beben 39
Das Pestjahr 1715 40
Pestsäulen und Pestkreuze 41
Barocker Aufputz 44
Das große Abschiednehmen 45
Die Napoleonischen Kriege 48
Die Besteigung des Großglockners 51
Das Kärntner Heimatlied 54
Niedergang der Eisenindustrie 54
Bau der Eisenbahnlinien 55
Die Klagenfurter Feuerwehr 58
Der Fremdenverkehr 59
Der Wörther See und die Komponisten 62
Der Erste Weltkrieg 64
Kärnten blieb ungeteilt 65
Die letzten 60 Jahre 68
Kleines Ferienparadies 69
Ortsverzeichnis 71